중간지원조직 위탁

정보화사업

사회복지시설

평생교육시설

청소년수련시설

문화예술시설

관광시설

체육시설

민원콜센터

폐기물처리시설

생활폐기물 수집운반

상수도시설

공공하수도시설

2025
전국 지방자치단체
공공하수도시설 운영현황

2025 전국 지방자치단체   2025. 09.

민·관 협업사무 운영 현황
| 하수도시설 |

한국민간위탁연구소
Korea Contracting-out Institute

한국민간위탁연구소는 정부에서 운영하는 민간위탁 공공서비스의 효율성 향상을 위해 설립된 연구기관입니다. 민간위탁은 성과지향형 공공서비스제공 공급방식의 하나로써 더 나은 정부, 더 효율적인 정부로 가기 위한 제도입니다.

세상의 모든 사물은 세상의 변화를 수용해야 합니다. 민간위탁 사무 또한 운영 목적이나 사회적 가치변화를 수용해야하기 때문에 지속적으로 변화해 왔습니다. 현행 민간위탁 사무의 유형은 공익적 성격과 사익적성격의 사무가 혼재되어 스펙트럼이 다양합니다. 시대적 흐름과 환경변화에 맞는 민간위탁사무는 갈수록 커뮤니티거버넌스형(CG) 공공서비스 제공방식으로 변화되어 가고 있습니다.

이를 효율적으로 관리하기 위해서는 민간위탁의 본질을 이해해야 하는데, 대표적인 영문표기가 contracting out인 것처럼 구매계약 또는 외주계약으로 계약에 관한 전반적인 프로세스를 이해하고 계약관리능력이 필요한 제도라는 것을 이해해야 합니다. 민간위탁 과정은 먼저 민간위탁을 위한 추진계획을 수립한 후 지방의회의 심의를 거쳐 민간위탁 선정심의위원회의 선정과정을 통해 최종 민간위탁 사업자를 선정하게 됩니다. 이 과정에 민간위탁 업체선정을 위한 계약법검토, 조례제정 또는 개정, 적정 위탁비용 산정, 위탁 후 성과평가 결과 적용을 위한 지표개발 등 세부적이고 전문적인 연구결과를 통한 의사결정 자료가 필요하게 됩니다. 이러한 연구결과는 민간기업이 공공서비스를 제공할 때 지속적인 품질 개선을 유도함으로써 서비스경쟁력을 향상시키고, 지자체는 효율적인 예산운영을 통하여 과대 또는 과소예산으로 인한 사회적 비용을 감소시키며 재정운영의 건전성을 증대시키는 효과가 있습니다. 이와 같이 민간위탁만을 연구해온 저희 연구소는 다양한 연구를 통해 얻은 노하우를 바탕으로 좀 더 선진화된 민간위탁 의사결정 자료와 효율적인 운영방안을 제안하는 역할을 수행할 것입니다.

연구소장 배성기

주요연구분야	연락처
공공서비스디자인(Public Service Design)	전화 : 02 943 1941
민간위탁관리(Contracting Out Management)	팩스 : 02 943 1948
사업타당성검토(Project Feasibility)	이메일 : pami@pami.re.kr
정부원가계산(Government Cost Accounting)	홈페이지: www.pami.re.kr
정부보조금정산(Government Grant Accounting)	
공공서비스성과평가(Public Service Performance Evaluation)	
사회적경제기업(Social Economy), 사회적가치평가(SROI)	
조직 진단(Organizational Structure Design)	
공공관리혁신(Public Management Innovation)	
사회기반시설 자산관리(Infrastructure Asset Management)	

2025 전국 지방자치단체 「민·관 협업사무 운영현황」은 이렇게 발간되었습니다.

1. 조사개요

민·관 협업은 학계와 실무계를 불문하고 사회 각계각층이 이 주제의 중요성을 인식하고 처방적 대안 마련에 관심을 쏟고 있음에도 민간위탁 케이스별 연구만이 주로 되어 왔습니다. 또한 사회적 현상을 기반으로 공공서비스의 유형을 공공서비스, 준공공서비스, 선택적 공공서비스 등으로의 구분하고 공익성의 정도에 따른 관리기법 및 예산운영 방법 등을 심도 있게 연구한 연구문헌이 부족한 상황입니다.

민·관 협업형 공공서비스는 국민들과의 최접점에서 공급되는 공공서비스로 지속적으로 성장하는 국민들의 공공서비스 수요를 반영하고 개선하기 위해서는 다양한 주제와 분야별로 지속적인 연구가 되어야 합니다. 하지만 이러한 연구를 하기 위한 기초적 통계자료가 없다는 것은 실로 놀라운 일이 아닐 수 없습니다.

따라서 본 조사는 전국 243개 지자체 전부를 대상으로 민·관 협업사무 현황을 분석하기 위해 지자체의 민간경상사업보조(307-02), 민간단체 법정운영비보조(307-03), 민간행사사업보조(307-04), 민간위탁금(307-05), 사회복지시설법정운영비보조(307-10), 사회복지사업보조(307-11), 민간인위탁교육비(307-12), 공기관등에 대한 경상적 위탁사업비(308-13), 공사공단 경상전출금(309-01), 민간자본사업보조 자체재원(402-01), 민간자본사업보조 이전재원(402-02), 민간위탁사업비(402-03), 공기관등에 대한 자본적 위탁사업비(403-02), 공사공단 자본전출금(404-01) 예산을 조사한 후 해당사무별 업체선정방법, 개별조례 유무, 원가산정기준, 서비스(성과)평가 유무, 수탁기업 현황 등에 대한 정보공개요청을 통해 현황을 조사하였습니다.

본 조사를 통해 얻을 수 있었던 것은 동종의 민·관 협업사무라도 운영예산규모, 업체선정기준, 개별조례유무, 위탁비용 산정기준, 서비스(성과)평가 유무 등이 같지 않다는 것을 알 수 있었습니다. 이를 검증하기 위해서는 심도 있는 연구가 수행 되어야 하겠으나 이런 비교결과조차도 유의미하다고 생각됩니다.

전국 지자체 민·관 협업사무 통계조사의 효용성은 첫째, 유사 민·관 협업사무의 운영예산 확인을 통한 예산운영의 적정성을 판단할 수 있는 기준자료, 둘째, 개별조례 유무 확인을 통한 제정 및 개정 용이, 셋째, 적정 비용 산정기준 확인, 넷째, 성과평가 기준 확인, 다섯째, 민간위탁기업명 확인을 통한 경쟁력 있는 기업선정 기초자료 확보 등과 같습니다.

상기와 같은 조사를 통해 궁극적으로 얻고자 한 것은 「건전한 긴장관계 유지」입니다. 전국 민·관 협업사무 운영현황을 통해 사무의 종류와 예산의 규모, 협업 수행 기업의 종류와 유형이 공개됨으로써 민·관 협업사무를 추진하는 입장에서는 선택의 폭이 넓어질 것이고, 서비스를 받는 국민의 입장에서는 서비스기업 간 경쟁시스템이 올바르게 갖추어져, 좀 더 체계적이며, 경제적이고, 만족할 만한 공공서비스가 제공 되어질 것입니다.

현 통계 조사의 한계점은 지자체에서 민간이전(307), 자치단체등이전(308), 전출금(309), 민간자본이전(402), 자치단체자본이전(403), 공기업전출금(404) 예산으로 운영하는 사무를 총괄하여 나열하였으나 해당 사무의 예산 편성시 다른 예산항목 사업으로 편성하여 혼재되어 공개된 사무가 다수 존재합니다. 이는 향후 관리자 교육을 통해 민간위탁 사업의 정확한 이해를 기반으로 해당사무 운영 기본 조례 제·개정과 함께 해당 사무가 운영될 시에 해소가 될 것으로 판단됩니다.

본 현황분석은 한국민간위탁연구소의 열 번 째 전국단위 민·관 협업사무 운영현황 통계조사를 한 것으로서 미흡한 부분이 다소 존재합니다. 하지만 전국 민·관 협업 서비스 발전을 위한 기초 연구자료로써 중요한 역할을 할 수 있을 것을 기대합니다.
도움을 주신 전국 민·관 협업사무 담당 공무원분들께 감사드립니다.

〈주요 분야 조사결과〉

(자료요청기관수: 245개 지자체 / 단위: 백만원)

분야	2023년 기준 예산	2024년 기준 예산	2025년 기준 예산
하수도	2,148,373	2,224,146	2,418,765
상수도	-	2,552,021	2,708,947
생활폐기물 수집운반	1,956,510	2,137,423	2,638,934
폐기물처리시설	638,846	1,168,608	1,235,285
민원콜센터	-	69,450	75,904
체육시설	478,701	866,072	992,137
관광시설	150,187	180,118	203,502
문화예술시설	323,826	504,846	593,449
청소년수련시설	181,774	242,673	245,763
평생교육시설	-	96,335	118,617
사회복지시설	-	2,220,947	2,478,048
정보화사업	-	703,826	707,663
중간지원조직	-	397,602	502,325

2. **조사기간 :** 2025년 6월 ~ 2025년 9월

3. **조사결과**

〈하수도 분야 조사결과 종합〉

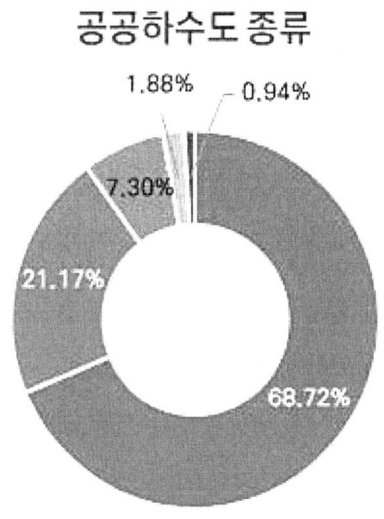

순위	문항	응답 건수(건)	백분율(%)
1	하수처리시설	659	68.72
2	기타(복합)	203	21.17
3	분뇨처리시설	70	7.30
4	슬러지건조시설	18	1.88
5	슬러지소각시설	9	0.94

〈 2025년 하수도시설 분야 공공하수도 분류 통계 〉

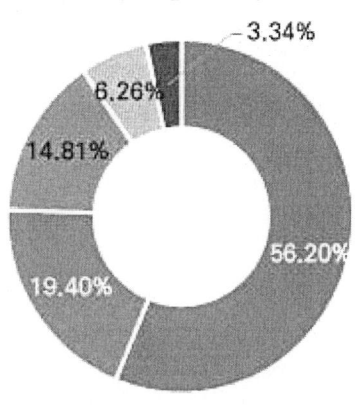

순위	문항	응답 건수(건)	백분율(%)
1	민간위탁금(307-05)	539	56.20
2	민간위탁사업비(402-03)	186	19.40
3	공기관등에대한경상적위탁사업비(308-13)	142	14.81
4	직영	60	6.26
5	기타	32	3.34

〈 2025년 하수도시설 분야 예산편성 비목 통계 〉

시설 운영주체

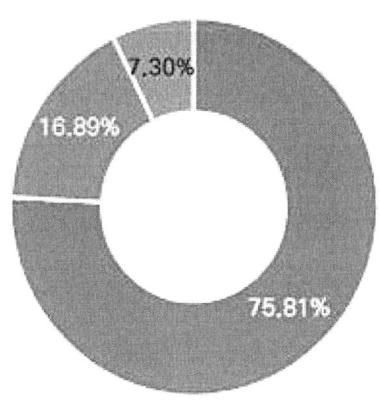

■ 민간기업　■ 공사, 공단　■ 직영

순위	문항	응답 건수(건)	백분율(%)
1	민간기업	727	75.81
2	공사, 공단	162	16.89
3	직영	70	7.30

〈 2025년 하수도시설 분야 시설 운영주체 통계 〉

용량규모(개소수)

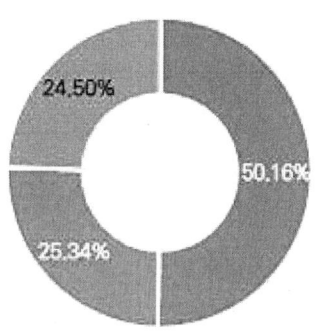

■ 소규모(500톤/일 미만)   ■ 중규모(500톤/일 이상 ~ 5,000톤/일 미만)   ■ 대규모(5,000톤/일 초과)

순위	문항	개소 수(개)	백분율(%)
1	소규모(500톤/일 미만)	481	50.16
2	중규모(500톤/일 이상 ~ 5,000톤/일 미만)	243	25.34
3	대규모(5,000톤/일 초과)	235	24.50

평균용량(톤/일)

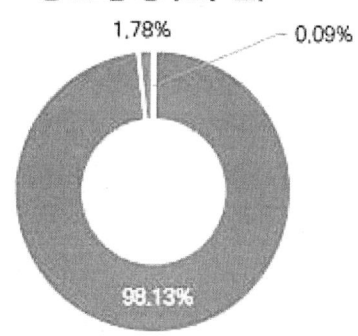

■ 대규모(5,000톤/일 초과)   ■ 중규모(500톤/일 이상 ~ 5,000톤/일 미만)   ■ 소규모(500톤/일 미만)

순위	문항	평균용량(톤/일)	백분율(%)
1	대규모(5,000톤/일 초과)	88,840	98.13
2	중규모(500톤/일 이상 ~ 5,000톤/일 미만)	1,612	1.78
3	소규모(500톤/일 미만)	86	0.09

〈 2025년 하수도시설 분야 규모별 용량 통계 〉

계약체결방법

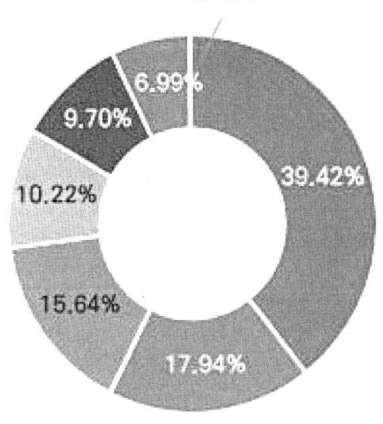

순위	문항	응답 건수(건)	백분율(%)
1	일반경쟁	378	39.42
2	제한경쟁	172	17.94
3	기타	150	15.64
4	법정위탁	98	10.22
5	수의계약	93	9.70
6	해당없음	67	6.99
7	지명경쟁	1	0.10

〈 2025년 하수도시설 분야 계약체결방법 통계 〉

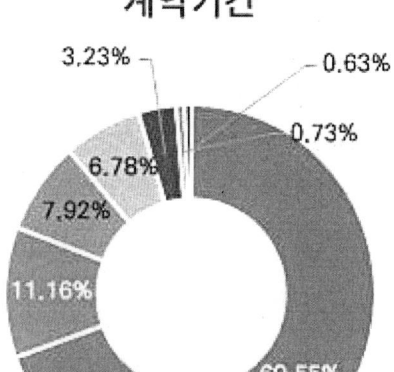

■ 5년　■ 3년　■ 기타　■ 단기계약(1년 미만)　■ 1년　■ 4년　■ 2년

순위	문항	응답 건수(건)	백분율(%)
1	5년	667	69.55
2	3년	107	11.16
3	기타	76	7.92
4	단기계약(1년 미만)	65	6.78
5	1년	31	3.23
6	4년	7	0.73
7	2년	6	0.63

〈 2025년 하수도시설 분야 계약기간 통계 〉

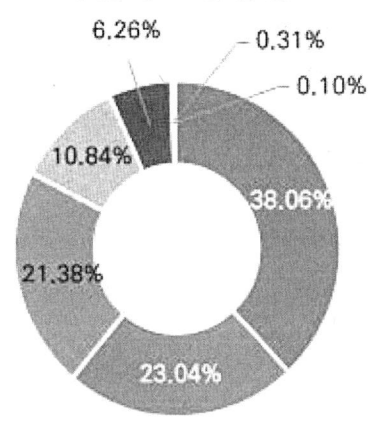

순위	문항	응답 건수(건)	백분율(%)
1	협상에의한계약	365	38.06
2	기술가격분리입찰	221	23.04
3	해당없음	205	21.38
4	기타	104	10.84
5	적격심사	60	6.26
6	규격가격분리	3	0.31
7	2단계 경쟁입찰	1	0.10

〈 2025년 하수도시설 분야 낙찰자 선정방법 통계 〉

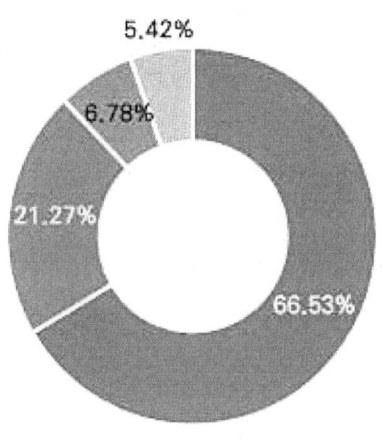

순위	문항	응답 건수(건)	백분율(%)
1	전문기관에 의뢰	638	66.53
2	지자체 자체 산정	204	21.27
3	해당없음	65	6.78
4	기타	52	5.42

〈 2025년 하수도시설 분야 운영예산 산정 방법 통계 〉

성과평가 실시여부

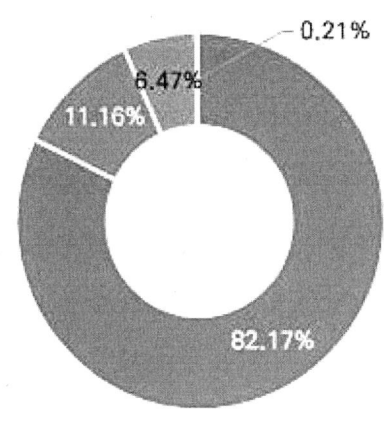

순위	문항	응답 건수(건)	백분율(%)
1	실시	788	82.17
2	향후 추진	107	11.16
3	해당없음	62	6.47
4	미실시	2	0.21

〈 2025년 하수도시설 분야 성과평가 실시여부 통계 〉

성과평가 주기

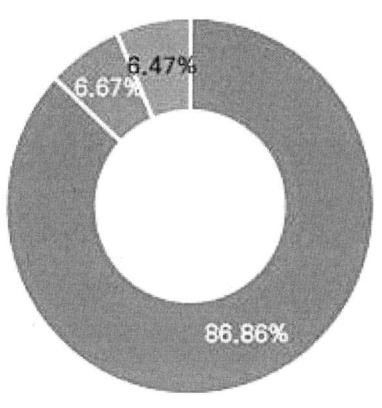

■ 매년　■ 해당없음　■ 기타

순위	문항	응답 건수(건)	백분율(%)
1	매년	833	86.86
2	해당없음	64	6.67
3	기타	62	6.47

〈 2025년 하수도시설 분야 성과평가 주기 통계 〉

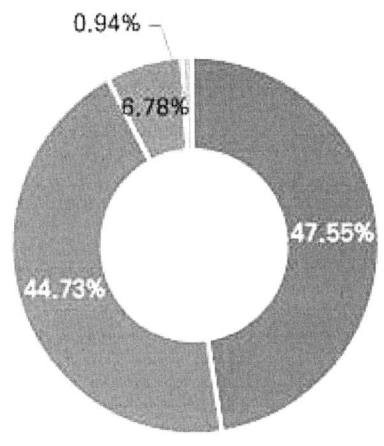

순위	문항	응답 건수(건)	백분율(%)
1	지자체 자체평가	456	47.55
2	상·하수도 협회 의뢰	429	44.73
3	해당없음	65	6.78
4	기타	9	0.94

〈 2025년 하수도시설 분야 성과평가 실시방법 통계 〉

평가기준 적용방법

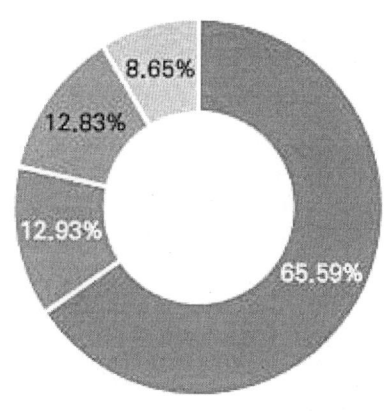

■ 환경부 지침 적용 ■ 환경부 지침 + 지역여건반영 ■ 전문평가기관 의뢰 ■ 해당없음

순위	문항	응답 건수(건)	백분율(%)
1	환경부 지침 적용	629	65.59
2	환경부 지침 + 지역여건반영	124	12.93
3	전문평가기관 의뢰	123	12.83
4	해당없음	83	8.65

〈 2025년 하수도시설 분야 평가기준 적용방법 통계 〉

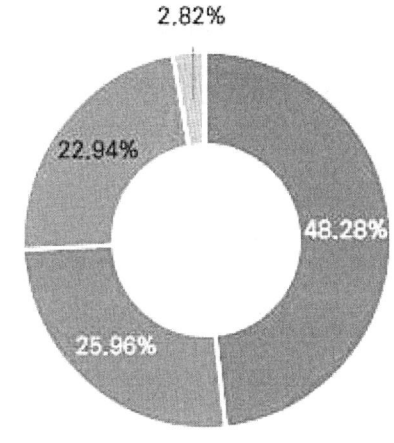

순위	문항	응답 건수(건)	백분율(%)
1	매년 적용	463	48.28
2	해당없음	249	25.96
3	적용 안함	220	22.94
4	기타	27	2.82

〈 2025년 하수도시설 분야 인센티브 및 패널티 적용여부 통계 〉

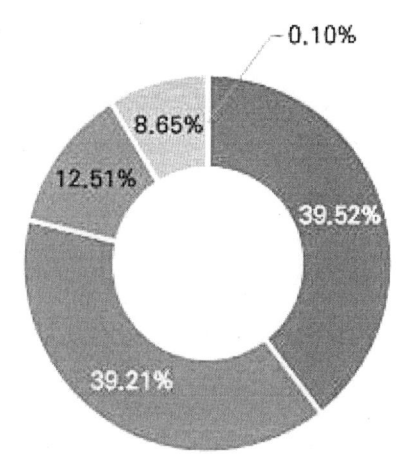

순위	문항	응답 건수(건)	백분율(%)
1	계약서	379	39.52
2	해당없음	376	39.21
3	기타	120	12.51
4	지침	83	8.65
5	조례	1	0.10

〈 2025년 하수도시설 분야 인센티브 및 패널티 적용근거 통계 〉

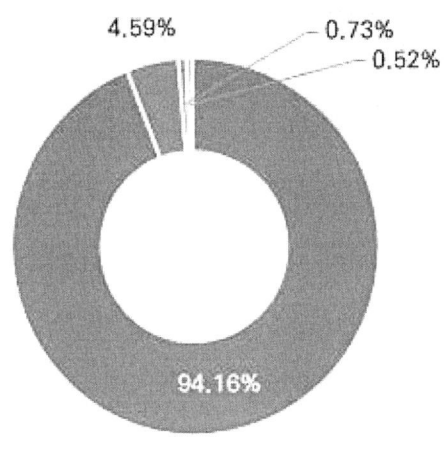

순위	문항	응답 건수(건)	백분율(%)
1	재정사업	903	94.16
2	민간투자사업(BTO)	44	4.59
3	기타	7	0.73
4	해당없음	5	0.52

〈 2025년 하수도시설 분야 재원마련 통계 〉

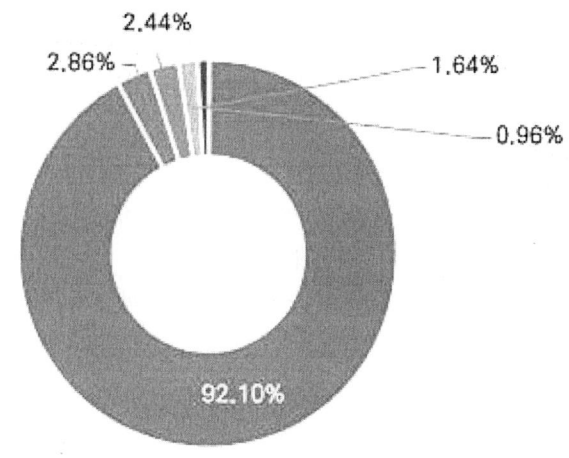

하수시설별 예산 현황

순위	시설	예산액(천원)	백분율(%)
1	하수처리시설	2,241,375,357	92.10
2	분뇨처리시설	69,627,920	2.86
3	슬러지소각시설	59,426,486	2.44
4	슬러지건조시설	40,020,325	1.64
5	기타(복합)	23,278,873	0.96

〈 2025년 하수도시설 분야 시설별 예산 현황 통계 〉

■ 민·관협업 예산비목 설명

1) 민간경상사업보조(307-02)란 민간이 행하는 사업에 대하여 자치단체가 이를 권장하기 위하여 교부하는 것으로 자본적 경비를 제외한 보조금을 말함
2) 민간단체 법정운영비보조(307-03)란 지방재정법 제17조 및 지방보조금법 제6조제2항에 따라 운영비를 지원할 수 있는 단체 등에 지원하는 경비를 말함
3) 민간행사사업보조(307-04)란 민간이 주관 또는 주최하는 행사에 대하여 자본적 경비를 제외한 보조금을 말함
4) 민간위탁금(307-05)이란 국가 또는 지방자치단체가 법령 및 조례에 의하여 민간인에게 위탁 관리시키는 사업 중 기금성격의 사업비로서 사업이 종료되거나 위탁이 폐지될 때에는 전액 국고 또는 지방비로 회수가 가능한 사업을 말함
5) 사회복지시설 법정운영비 보조(307-10)란 주민 복지를 위해 법령의 명시적 근거에 따라 사회복지시설에 대하여 운영비 지원 목적으로 편성하는 보조금을 말함
6) 사회복지사업보조(307-11)란 주민 복지를 위해 법령 또는 조례상 지원기준에 따라 의무적으로 지출하는 보조금 또는 자치단체가 권장하는 다음 각 호의 사업을 위하여 지급하는 보조금으로서 자본적 경비를 제외한 경비를 말함
7) 민간인위탁교육비(307-12)란 법령 또는 조례 등에 따라 자치단체 사무를 위해 민간인을 위탁 교육할 경우 위탁기관에 지급할 위탁교육비를 말함
8) 공기관등에 대한 경상적 위탁사업비(308-13)란 광역사업 등 당해 자치단체가 시행하여야 할 자본형성적 사업 외의 경비를 공기관에 위임 또는 위탁, 대행하여 시행할 경우 부담하는 제반 경비, 지방자치단체조합(한국지역정보개발원 등)에 위탁하는 자본 형성적 사업 외 제반 경비를 말함
9) 공사·공단 경상전출금(309-01)이란 공사·공단에 대한 자본전출금을 제외한 전출금을 말함
10) 민간자본사업보조(자체재원)(402-01)이란 민간의 자본형성을 위하여 민간이 추진하는 사업을 권장할 목적으로 민간에게 자치단체 자체 재원으로 직접 지급하는 보조금을 말함
11) 민간자본사업보조(이전재원)(402-02)이란 민간의 자본형성을 위하여 민간이 추진하는 사업을 권장할 목적으로 민간에게 국비 또는 시도비를 시도 및 시군구에서 지급하는 보조금
12) 민간위탁사업비(402-03)란 자치단체가 직접 추진하여야 할 사업으로서 법령의 규정에 의하여 민간에 위임 또는 위탁, 대행시키는 사업의 사업비, 국가 또는 지방자치단체의 위임사무에 수반하는 경비로서 지방자치단체 이외의 타에 지급하는 교부금을 말함
13) 공기관등에 대한 자본적 위탁사업비(403-02)란 광역사업 등 당해 자치단체가 시행하여야 할 자본 형성적 사업을 공기관에 위임 또는 위탁, 대행하여 시행할 경우 부담하는 제반경비를 말함
14) 공사·공단자본전출금(404-01)이란 공사·공단에 대한 자본형성 또는 경제개발을 위하여 지급하는 전출금을 말함

자료출처 : 행정안전부, 2025년도 지방자치단체 예산편성 운영기준 및 기금운용계획 수립기준(2024. 7.)

목 차

1. 하수도시설 ··· 1

서울
서울특별시 ·································1

부산
서구 ···1
영도구 ·····································1
남구 ···1
해운대구 ·································1
사하구 ·····································1
강서구 ·····································1
사상구 ·····································1
기장군 ·····································1

대구
대구광역시 ·······························1

인천
인천광역시 ·······························1
강화군 ·····································2

광주
광주광역시 ·······························2
북구 ···2

대전
대전광역시 ·······························2

울산
울산광역시 ·······························2

세종
세종특별자치시 ·······················2

경기
성남시 ·····································3
부천시 ·····································3
동두천시 ·································3
안산시 ·····································3
고양특례시 ·····························3
과천시 ·····································3
구리시 ·····································3
남양주시 ·································3
오산시 ·····································3
시흥시 ·····································3
의왕시 ·····································3
용인특례시 ·····························3
이천시 ·····································4
김포시 ·····································5
광주시 ·····································5
양주시 ·····································5
포천시 ·····································5
양평군 ·····································3

목 차

강원

춘천시 ·· 6
원주시 ·· 6
강릉시 ·· 6
동해시 ·· 6
속초시 ·· 6
삼척시 ·· 7
횡성군 ·· 7
영월군 ·· 7
평창군 ·· 7
정선군 ·· 8
철원군 ·· 8
화천군 ·· 8
양구군 ·· 8
인제군 ·· 8
고성군 ·· 8
양양군 ·· 8

충북

청주시 ·· 9
충주시 ·· 9
제천시 ··· 11
보은군 ··· 11
옥천군 ··· 12
영동군 ··· 12
증평군 ··· 12
진천군 ··· 12
음성군 ··· 12
단양군 ··· 12

충남

공주시 ··· 12
당진시 ··· 13
계룡시 ··· 14
금산군 ··· 14
부여군 ··· 14
서천군 ··· 15
청양군 ··· 15
홍성군 ··· 15
예산군 ··· 15
태안군 ··· 15

전북

전주시 ··· 15
군산시 ··· 15
익산시 ··· 15
정읍시 ··· 15
남원시 ··· 15
완주군 ··· 16
진안군 ··· 16
무주군 ··· 16
장수군 ··· 16
순창군 ··· 16
고창군 ··· 16
부안군 ··· 16

목 차

전남

여수시	16
순천시	16
나주시	17
광양시	17
담양군	17
곡성군	17
구례군	17
고흥군	17
보성군	17
화순군	17
장흥군	17
강진군	19
해남군	20
영암군	20
무안군	21
함평군	21
영광군	21
완도군	21

경북

포항시	21
경주시	21
안동시	21
구미시	22
영주시	22
영천시	22
상주시	22
문경시	22
경산시	22
의성군	22
청송군	22
영양군	23
영덕군	23
청도군	23
고령군	23
성주군	23
칠곡군	23
예천군	23
봉화군	24
울진군	24

경남

창원특례시	25
통영시	25
사천시	25
김해시	25
밀양시	26
의령군	26
창녕군	26
고성군	26
하동군	26
함양군	27
거창군	27
합천군	27

제주

제주시	27
서귀포시	27

2025년 공공하수도시설 운영현황 조사

순번	시도	시군구	공공하수도 종류 1.하수처리시설(소규모 제외) 2.슬러지건조시설 3.슬러지소각시설 4.분뇨처리시설 5.기타( )	시설명	시설용량 (ton/일)	하수도 재활용한 방안 1.재투자입 2.민간투자사업(BTO) 3.기타( ) 4.해당없음	시설 운영주체 1.직영 2.공사,공단 3.민간기업 4.기타 *혼용시 중복기입	운영인원 합계(명)	운영비용 (단위:천원 /1년간) *직영시 운영비 기입	예산편성 내역 1.인건비금(307-05) 2.공기관에 대한 경상적 위탁사업(308-13) 3.민간위탁사업비(402-03) 4.자정 5.기타(비목명 기입)	운영위탁 선정 방법 1.지자체 자체 선정 2.전문 기관에 의뢰 3.기타( ) 4.해당없음 *직영시 미기입	계약체결방법 (경쟁형태) 1.통보경쟁 2.제한경쟁 3.지명경쟁 4.수의계약 5.민간위탁 6.기타( ) 7.해당없음	계약기간 1.1년 2.2년 3.3년 4.4년 5.5년 6.기타( ) 7.해당없음	낙찰자선정방법 (수의계약 시 해당없음) 1.기술가격분리입찰 2.적격심사 3.협상에의한계약 4.최저가낙찰제 5.규격가격분리 6.2단계 경쟁입찰 7.기타( ) 8.해당없음	성과평가 실시 여부 1.실시 2.미실시 3.향후 추진 4.해당없음	성과평가 주기 1.매년 2.격년 3.기타( ) 4.해당없음	성과평가 실시 방법 1.지자체 자체평가 2.상·하수도 협회 의뢰 3.기타( ) 4.해당없음	평가기준 적용방법 1.환경부 지침 적용 2.환경부 지침+지역여건반영 3.전문 평가기관 의뢰 4.기타( ) 5.해당없음	실제 인센티브 및 페널티 적용 유무 1.매년 적용 2.적용 있음 3.가용 4.해당없음	인센티브 및 페널티 적용근거 1.조례 2.계약서 3.지침 4.기타( ) 5.해당없음
1	서울특별시		1	난지물재생센터	860,000	1	1	121	75,217,471	4	4	7	7	8	4	4	4	5	4	5
2	서울특별시		5	난지물재생센터(분뇨, 소각, 탈수, 건조, 중인)	4,500	1	3	67	15,400,000	5(수선유지비)	2	2	3	5	1	1	2	1	4	5
3	서울특별시		1	중랑물재생센터	1,590,000	1	1	142	130,500,000	4	1	7	7	8	4	4	4	5	4	5
4	서울특별시		1	서남센터	1,630,000	1	2	387	212,251,058	2	1	5	7	8	1	1	2	1	4	5
5	서울특별시		1	탄천센터	900,000	1	2	22	7,174,803	2	1	5	7	8	1	1	2	1	4	5
6	부산 서구		1	중앙하수처리시설	120,000	1	2	19	4,636,308	2	1	5	5	7(조회)	1	1	1	1	1	2,계약서
7	부산 영도구		1	영도하수처리시설	95,000	1	2	19	4,636,308	2	1	5	5	7(조회)	1	1	1	1	1	2,계약서
8	부산 동구		1	수영하수처리시설	452,000	1	2	56	23,581,085	2	1	5	5	7(조회)	1	1	1	1	1	2,계약서
9	부산 남구		1	남부하수처리시설	340,000	1	2	41	18,655,174	2	1	5	5	7(조회)	1	1	1	1	1	2,계약서
10	부산 해운대구		1	동부하수처리시설	135,000	1	2	23	9,889,312	2	1	5	5	7(조회)	1	1	1	1	1	2,계약서
11	부산 해운대구		1	해운대하수처리시설	65,000	1	2	51	10,420,465	2	1	5	5	7(조회)	1	1	1	1	1	2,계약서
12	부산 사하구		1	강변하수처리시설	450,000	1	2	55	23,994,015	2	1	5	5	7(조회)	1	1	1	1	1	2,계약서
13	부산 강서구		1	녹산하수처리시설	184,000	1	2	32	11,806,876	2	1	5	5	7(조회)	1	1	1	1	1	2,계약서
14	부산 강서구		1	서부하수처리시설	15,000	1	2	19	2,795,175	2	1	5	5	7(조회)	1	1	1	1	1	2,계약서
15	부산 강서구		2	생곡하수슬러지육상처리시설	550	1	2	21	12,069,632	2	1	5	5	7(조회)	1	1	1	1	1	2,계약서
16	부산 사상구		4	위생분뇨처리시설	2,100	1	2	25	7,346,453	2	1	5	5	7(조회)	1	1	1	1	1	2,계약서
17	부산 기장군		1	기장하수처리시설	27,000	1	2	40	7,628,062	2	1	5	5	7(조회)	1	1	1	1	1	2,계약서
18	부산 기장군		1	정관하수처리시설	40,000	1	2	32	6,613,071	2	1	5	5	7(조회)	1	1	1	1	1	2,계약서
19	대구광역시		1	신천하수처리시설	680,000	1	2	50	38,030,000	2	1	5	5	8	2	1	2	1	4	5
20	대구광역시		1	서부하수처리시설	520,000	1	2	60	25,220,000	2	1	5	5	8	2	1	2	1	4	5
21	대구광역시		4	북부하수처리시설	1,200	1	2	60	1,780,000	2	1	5	5	8	2	1	2	1	4	5
22	대구광역시		1	달서천하수처리시설	400,000	1	2	56	23,460,000	2	1	5	5	8	2	1	2	1	4	5
23	대구광역시		1	북부하수처리시설	170,000	1	2	37	7,670,000	2	1	6	5	7	2	1	2	1	4	5
24	대구광역시		1	안심하수처리시설	47,000	1	2	38	3,170,000	2	1	5	5	8	2	1	2	1	4	5
25	대구광역시		1	지산하수처리시설	33,750	1	2	38	2,440,000	2	1	5	5	8	2	1	2	1	4	5
26	대구광역시		1	현풍하수처리시설	45,000	1	2	41	6,320,000	2	1	5	5	8	2	1	2	1	4	5
27	대구광역시		1	금포하수처리시설	4,200	1	2	41	1,450,000	2	1	5	5	8	2	1	2	1	4	5
28	대구광역시		4	성리분뇨처리시설	1,000	1	2	19	2,500,000	1	1	6	5	8	2	1	2	1	4	5
29	대구광역시		1	군위하수처리시설	2,000	1	3	12	1,293,730	2	1	5	5	7	2	1	2	1	4	5
30	인천광역시		1	인천공공하수처리시설	125,000	1	2	25	15,585,638	2	1	5	5	8	1	1	2	1	1	3
31	인천광역시		1	송신공공하수처리시설	30,000	1	2	11	7,845,910	1	1	5	5	8	1	1	2	1	1	3
32	인천광역시		1	남동공공하수처리시설	24,000	1	2	9	5,818,370	2	1	5	5	8	1	1	2	1	1	3
33	인천광역시		1	운북공공하수처리시설	23,000	1	2	36	3,742,186	2	1	5	5	8	1	1	2	1	1	3

순번	시군구	공공하수도 종류 (1.하수처리시설(소규모제외) 2.슬러지건조조시설 3.슬러지소각시설 4.분뇨처리시설 5.기타( ))	시설명	시설용량 (ton/일)	하수도 재활용화 방안 (1.재정사업 2.민간투자사업(BTO) 3.기타( ) 4.해당없음)	시설 운영주체 (1.직영 2.공사,공단 3.민간기업 4.기타 *운영시 총체 기입)	운영인원 합계 (명)	운영비용 (단위:천원/1년간) *직영시 운영예산 기입	예산편성 내역 (1.인건비성급(307-05) 2.공기관등에 대한 경상적 위탁사업비(308-13) 3.민간위탁금(402-03) 4.직영 5.기타(비목명 기입))	운영업신 선정 방법 (1.지자체 지정 선정 2.전문 기관에 의뢰 3.기타( ) 4.해당없음 *직영시 미기입)	계약방법식(경쟁형태) (1.일반경쟁 2.제한경쟁 3.지명경쟁 4.수의계약 5.입찰형태 6.기타( ) 7.해당없음)	계약기간 (1.1년 2.2년 3.3년 4.4년 5.5년 6.기타( )년 7.해당없음)	낙찰자선정방법(수의계약 시 해당없음) (1.기술가격분리입찰 2.적격심사 3.협상에의한계약 4.최저가낙찰 5.규격가격별 6.2단계 경쟁입찰 7.기타( ) 8.해당없음)	성과평가 실시 여부 (1.실시 2.미실시 3.향후 추진 4.해당없음)	성과평가 주기 (1.매년 2.2년 3.기타( ) 4.해당없음)	성과평가 실시 방법 (1.지자체 자체평가 2.상하수도 협회 의뢰 3.기타( ) 4.해당없음)	평가기준 적용방법 (1.환경부 지정 적용 2.경쟁부 지정 ·지역여건별 3.전문 평가기관 의뢰 4.기타( ) 5.해당없음)	실제 인센티브 및 페널티 적용 유무 (1.해당 적용 2.적용 안함 3.기타( ) 4.해당없음)	인센티브 및 페널티 적용근거 (1.조례 2.계약서 3.지침 4.기타( ) 5.해당없음)
34	인천광역시	1	송기중공공하수처리시설	275,000		2	41	21,455,541	2	1	5	5	8	1	1	2	1	1	3
35	인천광역시	1	송도제2공공하수처리시설	42,500	1	2	14	7,772,522	2	1	5	5	8	1	1	2	1	1	3
36	인천광역시	1	송도제1공공하수처리시설	30,000	2	3	16		1	2	1	5		1	1	2	1	2	5
37	인천광역시	1	민수공공하수처리시설	70,000	2	3	20	41,298,2L0	1	2	6(BTO)	6(약/기월)	7(BTO)	1	1	2	1	1	5
38	인천광역시	1	가좌공공하수처리시설	350,000	1	2	75	19,897,389	2	1	5	5	8	1	1	2	1	2	3
39	인천광역시	1	검단총합공공하수처리장	69,000	1	3	24	6,205,153	1	2	4	5	7	1	1	2	1	2	5
40	인천광역시	1	공촌공공하수처리시설	65,000	1	2	24	11,545,571	2	1	5	5	8	1	1	2	1	2	3
41	인천광역시	1	강화공공하수처리시설	40,000	2	3	19	10,526,369	1	2	6(BTO)	6(20년)	7(BTO)	1	1	2	1	2	5
42	인천광역시	1	검당공공하수처리시설	9,000	1	2	13	2,461,510	2	1	5	5	8	1	1	2	1	1	3
43	인천광역시	1	진두공공하수처리시설	2,000	1	2	7	1,432,789	2	1	5	5	8	1	1	2	1	1	3
44	인천광역시	4	가좌분뇨공공하수처리시설	2,580	1	2	27	13,785,132	2	1	5	5	8	1	1	2	1	1	3
45	인천광역시	4	운수공공하수처리시설	700	1	3	9	1,668,402	3	2	6 (연약)	3	3	1	1	2	1	2	5
46	인천 강화군	4	강화에수처리장	30	1	3	5	910,993	3	2	6 (연약)	3	1	3	3	2	3	2	5
47	인천 옹진군	1	가울공공하수처리시설	750	1	3	6	702,792	3	1	1	3	1	3	3	2	3	1	2
48	인천 옹진군	1	진촌공공하수처리시설	560	1	3	2	247,597	3	1	1	3	1	1	1	2	1	1	2
49	인천 옹진군	4	연평 분뇨처리시설	2	1	1	1	10,000	4	1	7	7	8	4	4	4	5	4	5
50	인천 옹진군	4	백령 분뇨처리시설	10	1	1	1	10,000	4	1	7	7	8	4	4	4	5	4	5
51	인천 옹진군	4	대청 분뇨처리시설	2	1	1	1	6,138	4	1	7	7	8	4	4	4	5	4	5
52	인천 옹진군	4	자월 분뇨처리시설	2	1	1	1	41,490	4	1	7	7	8	4	4	4	5	4	5
53	광주광역시	1	광주제1공공하수처리시설	600,000	1	2	64	31,247,260	2	3	4	5	8	1	3	2	1	4	5
54	광주광역시	1	광주제2공공하수처리시설	120,000	1	2	30	9,453,372	2	3	4	5	8	1	3	2	1	4	5
55	광주광역시	1	광주송내공공하수처리시설	16,000	1	2	13	2,995,550	2	3	4	5	8	1	3	2	1	4	5
56	광주광역시	3	광주슬러지원화시설	330	1	2	22	9,07,384	2	3	4	5	8	1	3	2	1	4	5
57	광주광역시	4	광주위생처리장	1,000	1	2	9	1,9~8,000	5	3	4	3	7	1	3	2	1	4	5
58	광주 북구	4	주통마울 공공하수처리시설	110	4	1		112,500	1	1	1	5	1	4	4	1	1	4	5
59	대전광역시	1	대전하수처리장	900,000	1	2	103	44,869,215	2	1	6	5	8	1	1	2	1	2	2
60	대전광역시	1	축제하수처리장	1,000	1	2	3		2	1	6	5	8	1	1	2	1	2	5
61	대전광역시	4	대전위생처리장	900	1	2	16	3,077,268	2	1	6	5	8	1	1	2	1	2	5
62	울산광역시	4	화아수질관리사업소	52,000	1	3	28	2,540,600	1	2	2	5	1	1	1	2	1	2	5
63	울산광역시	1	언양수질관리사업소	60,000	1	3	26	2,548,900	1	2	2	5	1	1	1	2	1	2	5
64	울산광역시	1	방어진수질관리사업소	140,000	1	3	31	3,437,328	1	2	5	5	8	1	1	2	1	2	5
65	울산광역시	1	농소수질관리사업소	100,000	2	3	31	34,300,000	1	2	5	6	3	1	1	2	1	2	5
66	울산광역시	1	굴화수질관리사업소	47,000	2	3	21	18,202,000	1	2	6	6	3	1	1	2	1	2	5
67	울산광역시	1	강동수질관리사업소	7,000	2	3	10	2,322,000	1	2	5	6	3	1	1	2	1	2	5
68	세종특별자치시	1	수질복원센터A	100,000	1	3	41	9,171,219	1	2	1	5	1	1	1	2	1	1	2
69	세종특별자치시	1	수질복원센터B	40,000	1	3	17	2,297,638	1	2	1	5	1	1	1	2	1	1	2

순번	시군구	공공하수도 종류 1.하수처리시설(소규모 제외) 2.분뇨처리시설 3.슬러지건조시설 4.슬러지소각시설 5.기타( )	시설명	시설용량 (ton/일)	하수도 재활용화 방안 1.재정사업 2.민간투자사업(BTO) 3.기타( ) 4.해당없음	시설 운영주체 1.직영 2.공사,공단 3.민간기업 4.기타 *운영시 중복 기입	운영인원 합계(명)	운영비용 (단위:천원/1년간) *직영시 운영예산 기입	예산편성 비목 1.인건비등(307-05) 2.공기관등에 대한 경상보 조사업비(308-13) 3.민간위탁사업비(402-03) 4.자본 5.기타 (세목명 기입)	운영자 선정 방법 1.지자체 자체 선정 2.전문 기관에 의뢰 3.기타( ) 4.해당없음	계약체결방식 (운영방식) 1.일반경쟁 2.제한경쟁 3.지명경쟁 4.수의계약 5.법정위탁 6.기타( ) 7.해당없음	계약기간 1.1년 2.2년 3.3년 4.4년 5.5년 6.기타( ) 7.해당없음	낙찰자선정방법 (수의계약 시 해당없음) 1.기술가격분리입찰 2.적격심사 3.협상에의한계약 4.최저가계약 5.규격가격동시 6.2단계 경쟁입찰 7.기타( ) 8.해당없음	성과평가 실시 여부 1.실시 2.미실시 3.향후 추진 4.해당없음	성과평가 주기 1.매년 2.격년 3.기타( ) 4.해당없음	성과평가 실시 방법 1.지자체 자체평가 2.상하수도 협회 의뢰 3.기타( ) 4.해당없음	평가기준 적용방법 1.환경부 지침 적용 2.환경부 지침+지역여건반영 3.전문 평가기관 의뢰 4.기타( ) 5.해당없음	실제 인센티브 및 페널티 적용 유무 1.적용 적용 2.적용 안함 3.기타( ) 4.해당없음	인센티브 및 페널티 적용근거 1.조례 2.계약서 3.지침 4.기타( ) 5.해당없음
70	세종특별자치시	1	국곡리 공공하수처리시설	1,000		3	4	471,995		2		5	1					2	2
71	세종특별자치시	1	조치원공공하수처리시설	25,000	1	2	17	2,956,537	1	2	4	5	8	1		2	1	2	5
72	세종특별자치시	1	전의공공하수처리시설	2,000	1	2	5	578,440	2	2	4	5	8	1		2	1	2	5
73	세종특별자치시	1	연서면공공하수처리시설	3,400	1	2	8	1,227,680	2	2	4	5	8	1		2	1	2	5
74	세종특별자치시	1	연동부강하수처리시설	3,000	1	3	8	802,109	2	2	1	5	1	1		2	1	2	5
75	세종특별자치시	1	소정하수처리시설	800	1	3	9	850,470	1	2	4	5	8	1		2	1	2	5
76	세종특별자치시	1	성림하수처리시설	520	1	3	9	850,470	1	2	4	5	8	1		2	1	2	5
77	경기 성남시	1	성남/판교수질복원센터	507,000	1	3	76	44,317,000	1	2	1	5	3	1		2	1	1	4(임차)
78	경기 부천시	1	굴포공공하수처리시설	900,000	1	3	87	15,387,371	1	2	2	5	3	1		2	1	1	4(임차)
79	경기 부천시	3	슬러지처리시설	300	1	3	18	3,652,133	1	2	2	5	3	1		2	1	1	4(임차)
80	경기 부천시	1,4	역곡공공하수처리시설	65,000	1	3	22	3,626,823	1	4	7	7	8	4		4	5	4	5
81	경기 동두천시	1	동두천시 환경사업소	86,000	1	1	32	25,337,392	4	2	7	3	8	1		2	1	1	2
82	경기 안산시	3	안산시 공공하수처리시설	534,000	1	3	95	23,270,600	1	2	1	5	3	1		2	1	1	2
83	경기 안산시	1	안산시 하수슬러지 소각시설	250	1	3	22	7,462,353	1	2	2	5	3	1		2	1	1	2
84	고양특례시		일산하수처리장	270,000	3기(복합사업)	3	43	32,642,536	1	2	1	6(20년)	7(BTO)	1	3(5년)	2	1	4	5
85	고양특례시		백마하수처리장	39,200	2	3	30	4,804,694	1	2	4	5	3	1	1	2	1	4	5
86	고양특례시		원능하수처리장	80,000	3기(복합사업)	2	29	7,601,253	2	2	4	6(20년)	7(BTO)	1	3(5년)	2	1	4	5
87	고양특례시		신흥하수처리장	32,000	3기(복합사업)	3	23	4,655,225	1	2	1	5	3	1	1	2	1	4	3
88	경기 과천시	1	환경사업소	30,000	1	1	19	12,836,042	4	2	7	7	8	4	4	4	5	4	3
89	경기 구리시	1	구리하수처리장	160,000	1	3	31	5,900,006	2	2	7	3	3	1	1	2	1	4	5
90	경기 구리시	1	김치수질복원센터	11,000	1	3	8	1,185,988	2	2	7	3	8	4	4	4	5	4	5
91	경기 구리시	2	건조시설	60	1	1	4	2,450,138	4	2	2	7	3	4	4	4	5	4	5
92	경기 구리시		진건 공공하수처리시설	125,000	2	3	38	22,561	1	2	2	6(20)	3	1	3(5년)	2	1	4	5
93	경기 부천시		화도 공공하수처리장	43,000	1	2	39	15,753,000	2	2	4	6(20)	8	1		2	1	4	5
94	경기 광주시		지금 공공하수처리장	28,000	1	3	46	22,907	1	2	1	5	3	1		2	1	4	5
95	경기 광주시		수산 제1,2하수공사	140,000	1	1	7	11,375,019	4	2	7	7	8	4	4	4	5	4	5
96	경기 시흥시	1	세아하수처리장	8,300	1	3	11	1,827,000	2	2	7	5	7	1		2	1	4	5
97	경기 시흥시	4	신천녹지공원	350	1	1	3	741,000	1	2	7	5	7	4	3(5년)	4	5	4	5
98	경기 시흥시	2	왕송공공하수처리시설	279,000	3권역수자원공사	2,3	31	28,769,802	2	2	2	6(20년)	3	4		4	5	4	5
99	경기 시흥시	1	파주운정환경센터	68,000	2	3	22	13,172,780	2	6(민간투자사업)	4	6(3년7개월)	2	1	3(5년)	2	1	4	5
100	경기 시흥시	1	파주공공하수처리장	13,000	3(H)	3	9	4,066,613	1	2		3	6	1		2	1	4	5
101	경기 시흥시	1	운정공공하수처리시설	15,000	1	3	31	2,729,651	1	2	2	6(20년)	3	1	3(5년)	2	1	4	5
102	경기 시흥시	1	왕송공공하수처리시설 단순관리 대행사업	5,000	1	3	7	1,376,752	1	2	4	6(3년7개월)	8	1		2	1	4	5
103	경기 의왕시	2	왕송공공하수처리시설 슬러지처리시설	10	1	3	4	1,484,603	1	2	4	6(2년개월)	8	1		2	1	4	5
104	용인특례시	1	아이파크스마파	7,000	1	3	11	1,970,000	1	2	1	3	3	1		2	1	4	5
105	용인특례시	1	용인스마파	13,000	1	3	20	4,970,000	1	2	1	3	3	1		2	1	4	5

- 3 -

순번	시군구	공공하수도 종류 1.하수처리시설(소규모 제외) 2.분뇨처리건설시설 3.슬러지순환시설 4.분뇨처리시설 5.기타( )	시설명	시설용량 (ton/일)	하수도 재발아먼 방안 1.재정사업 2.민간투자사업(BTO) 3.기타 4.해당없음	시설 운영주체 1.직영 2.공사,공단 3.민간기업 4.기타 * 운영시 업체 기입	운영인력 (명)	운영비용 (단위:천원/1년간) *직영시 운영예산 기입	예산편성 비목 1.인건비급(307-05) 2.공공요금에 대한 경상이 체비시업(308-13) 3.민간위탁업체(402-03) 4.직영 5.기타 (비복종 기입)	운영혁신 선정 방법 1.지자체 자체 선정 2.전문 기관에 의뢰 3.기타 ( ) 4.해당없음 * 직영시 미기입	계약방식 계약체결방법 (경쟁등) 1.등부문 2.제한경쟁 3.지명경쟁 4.수의계약 5.발칭계약 6.기타( ) 7.해당없음	계약기간 1.1년 2.2년 3.3년 4.4년 5.5년 6.기타( )1년 7.해당없음	낙찰자선정방법 (수의계약시 해당없음) 1.기술가격분리입찰 2.적격심사 3.협상에의한계약 4.최저가낙찰제 5.규격가격계약 6.2단계 경쟁입찰 7.기타( ) 8.해당없음	관리대행 성과평가 관련 성과평가 실시 여부 1.실시 2.미실시 3.향후 추진 4.해당없음	성과평가 주기 1.배년 2.2년 3.기타( ) 4.해당없음	성과평가 실시 방법 1.지자체 자체평가 2.상하수도 협회 의뢰 3.기타( ) 4.해당없음	평가기준 자용방법 1.환경부 지원 자용 2.환경부 자용 -지역여건반영 3.전문 평가기관 의뢰 4.기타 ( ) 5.해당없음	평가결과 자용 실적 인센티브 및 페널티 자용 유무 1.액션 자용 2.자용 안함 3.기타( ) 4.해당없음	인센티브 및 페널티 자용근거 1.조례 2.계약서 3.자침 4.기타( ) 5.해당없음
106	용인특례시	4	용인레진트노	1,220	1	1	11	927,692	4	4	7	7	8	4	4	4	5	4	5
107	용인특례시	4	백암가축분뇨	200	1	3	11	3,630,000	1	1	4	3		1	1	2	3	4	5
108	용인특례시	2,3	환경자원화시설	330	1	3	32	8,360,000	1	1	1	3	3	1	3(3년)	2	3	4	5
109	경기 이천시	1	이천	56,000	1	3	113	7,617,286	3	2	1	5	1	1	1	2	1	1	2
110	경기 이천시	1	장호원	10,000	1	3	113	1,786,621	3	2	1	5	1	1	1	2	1	1	2
111	경기 이천시	1	단월	4,000	1	3	113	821,457	3	2	1	5	1	1	1	2	1	1	2
112	경기 이천시	1	부발	5,000	1	3	113	1,068,754	3	2	1	5	1	1	1	2	1	1	2
113	경기 이천시	1	송고	600	1	3	113	254,326	3	2	1	5	1	1	1	2	1	1	2
114	경기 이천시	1	마장	9,000	1	3	113	1,823,340	3	2	1	5	1	1	1	2	1	1	2
115	경기 이천시	1	율면	1,100	1	3	113	506,907	3	2	1	5	1	1	1	2	1	1	2
116	경기 이천시	1	송계	800	1	3	113	193,707	3	2	1	5	1	1	1	2	1	1	2
117	경기 이천시	5(소규모)	장천	300	1	3	113	73,357	3	2	1	5	1	1	1	2	1	1	2
118	경기 이천시	5(소규모)	대촌	90	1	3	113	44,628	3	2	1	5	1	1	1	2	1	1	2
119	경기 이천시	5(소규모)	지적	80	1	3	113	4,037	3	2	1	5	1	1	1	2	1	1	2
120	경기 이천시	5(소규모)	현방2	50	1	3	113	44,759	3	2	1	5	1	1	1	2	1	1	2
121	경기 이천시	5(소규모)	도립	40	1	3	113	33,613	3	2	1	5	1	1	1	2	1	1	2
122	경기 이천시	5(소규모)	문향1	100	1	3	113	40,528	3	2	1	5	1	1	1	2	1	1	2
123	경기 이천시	5(소규모)	도지	150	1	3	113	62,367	3	2	1	5	1	1	1	2	1	1	2
124	경기 이천시	5(소규모)	조읍	100	1	3	113	56,801	3	2	1	5	1	1	1	2	1	1	2
125	경기 이천시	5(소규모)	우곡	60	1	3	113	54,478	3	2	1	5	1	1	1	2	1	1	2
126	경기 이천시	5(소규모)	석산	40	1	3	113	22,821	3	2	1	5	1	1	1	2	1	1	2
127	경기 이천시	5(소규모)	대대1	35	1	3	113	21,615	3	2	1	5	1	1	1	2	1	1	2
128	경기 이천시	5(소규모)	대대2	100	1	3	113	41,568	3	2	1	5	1	1	1	2	1	1	2
129	경기 이천시	5(소규모)	도림1	60	1	3	113	49,327	3	2	1	5	1	1	1	2	1	1	2
130	경기 이천시	5(소규모)	송림1	70	1	3	113	45,719	3	2	1	5	1	1	1	2	1	1	2
131	경기 이천시	5(소규모)	고백1	80	1	3	113	41,066	3	2	1	5	1	1	1	2	1	1	2
132	경기 이천시	5(소규모)	고백2	60	1	3	113	40,871	3	2	1	5	1	1	1	2	1	1	2
133	경기 이천시	5(소규모)	동산	120	1	3	113	49,857	3	2	1	5	1	1	1	2	1	1	2
134	경기 이천시	5(소규모)	율현	140	1	3	113	43,918	3	2	1	5	1	1	1	2	1	1	2
135	경기 이천시	5(소규모)	신원2	250	1	3	113	45,834	3	2	1	5	1	1	1	2	1	1	2
136	경기 이천시	5(소규모)	현방	470	1	3	113	83,786	3	2	1	5	1	1	1	2	1	1	2
137	경기 이천시	5(소규모)	장천	60	1	3	113	50,633	3	2	1	5	1	1	1	2	1	1	2
138	경기 이천시	5(소규모)	대관	110	1	3	113	42,733	3	2	1	5	1	1	1	2	1	1	2
139	경기 이천시	5(소규모)	정동1	80	1	3	113	43,115	3	2	1	5	1	1	1	2	1	1	2
140	경기 이천시	5(소규모)	장사1	80	1	3	113	42,445	3	2	1	5	1	1	1	2	1	1	2
141	경기 이천시	5(소규모)	장동2	80	1	3	113	41,587	3	2	1	5	1	1	1	2	1	1	2

순번	시군구	공공하수도 종류 1.하수처리시설(수처리, 재이용) 2.하수관로시설 3.슬러지처리시설 4.분뇨처리시설 5.기타( )	시설명	시설용량 (ton/일)	하수도 재원마련 방안 1.재정사업 2.민간투자사업(BTO) 3.기타( ) 4.해당없음	시설 운영주체 1.직영 2.공사, 공단 3.민간기업 4.기타 *운영사 중복 기입	운영인력 합계(명)	운영비용 (단위:천원/1년간) *직영시 운영예산 기입	예산편성 비목 1.민간위탁금(307-05) 2.공기관등에 대한 경상적 위탁사업비(308-13) 3.민간위탁사업비(402-03) 4.자체 5.기타(예비항 기입)	운영성산 선정 방식 1.지자체 지체 선정 2.전문 기관의 의뢰 3.기타( ) 4.해당없음	계약방식 계약결정방법 (공경쟁) 1.일반경쟁 2.제한경쟁 3.지명경쟁 4.수의계약 5.협상체약 6.기타( ) 7.해당없음	계약기간 1.1년 2.2년 3.3년 4.4년 5.5년 6.기타( )년 7.해당없음	낙찰자선정방법 (수의계약 시 해당없음) 1.기술가격분리입찰 2.적격심사 3.협상에의한계약 4.최저가낙찰제 5.규격가낙찰제 6.2단계 경쟁입찰 7.기타( ) 8.해당없음	관리대행 성과평가 관련 성과평가 실시 여부 1.실시 2.미실시 3.향후 추진 4.해당없음	성과평가 주기 1.1년 2.2년 3.3년 4.기타( ) 5.해당없음	성과평가 실시 방법 1.지자체 자체평가 2.상하수도 협회 의뢰 3.기타( ) 4.해당없음	평가기준 적용방법 1.환경부 지침 적용 2.환경부 지침 3.전문 평가기관 의뢰 4.기타 5.해당없음	평가결과 적용 실제 인센티브 및 패널티 적용 유무 1.패널 적용 2.적용 안함 3.기타 4.해당없음	인센티브 및 패널티 적용근거 1.조례 2.계약서 3.지침 4.기타( ) 5.해당없음
142	경기 이천시	5(소규모)	송알2	60	1	3	113	42,529	3	2	1	5	1	1	1	2	1	1	2
143	경기 이천시	5(소규모)	송알3	60	1	3	113	41,151	3	2	1	5	1	1	1	2	1	1	2
144	경기 이천시	5(소규모)	매차1	80	1	3	113	42,209	3	2	1	5	1	1	1	2	1	1	2
145	경기 이천시	5(소규모)	경사	100	1	3	113	41,608	3	2	1	5	1	1	1	2	1	1	2
146	경기 이천시	5(소규모)	송운	170	1	3	113	53,912	3	2	1	5	1	1	1	2	1	1	2
147	경기 이천시	5(소규모)	성암	120	1	3	113	49,718	3	2	1	5	1	1	1	2	1	1	2
148	경기 이천시	5(소규모)	신집	130	1	3	113	56,617	3	2	1	5	1	1	1	2	1	1	2
149	경기 이천시	4	덕풍	50	1	3	113	248,973	3	2	1	5	1	1	1	2	3	1	2
150	경기 이천시	1	이천하수처리장	45,000	1	3	58	15,825,000	1	2	2	3	3	3(5년)	8	4	1	4	5
151	경기 김포시	1	김포하수처리장	92,000	2	3	40	40,825,821	5(수요산재비)	4	7	7	3	1	1	5	4	1	5
152	경기 김포시	1	월롱하수처리장	810	1	3	12	1,900,000	1	1	1	3	8	1	1	2	1	1	2
153	경기 광주시	1	경안하수처리장	71,000	1	2	49	14,225,200	3	2	6	5	3	1	1	2	1	1	2
154	경기 광주시	1	광주하수처리장	25,000	1	2	10	1,755,510	2	2	6	5	3	1	1	2	1	1	2
155	경기 광주시	1	곤지암공공하수처리장	23,000	1	2	9	1,422,550	2	2	6	5	3	1	1	2	1	1	2
156	경기 광주시	1	오포공공하수처리장	32,000	1	2	16	2,655,880	2	2	6	5	3	1	1	2	1	1	2
157	경기 광주시	1	안평공공하수처리장	20,000	1	2	8	1,502,844	2	2	6	5	3	1	1	2	1	1	2
158	경기 광주시	1	성남공공하수처리장	5,000	1	2	5	533,388	1	2	6	5	3	1	1	2	1	1	2
159	경기 광주시	1	도척공공하수처리장	4,000	1	2	7	1,426,600	1	2	6	5	3	1	1	2	1	1	2
160	경기 광주시	1	퇴촌공공하수처리장	3,650	1	2	9	1,089,303	1	2	6	5	3	1	1	2	1	1	2
161	경기 광주시	1	분원공공하수처리장	1,900	1	2	5	802,651	2	2	6	5	3	1	1	2	1	1	2
162	경기 광주시	1	남종공공하수처리장	1,200	1	2	5	627,990	2	2	6	5	3	1	1	2	1	1	2
163	경기 양주시	1	신천하수처리장	70,000	2	3	25	10,699,941	1	2	1	5	3	1	1	2	1	1	2
164	경기 양주시	1	장흥하수처리장	3,800	2	3	6	1,068,329	1	2	1	5	3	1	1	2	1	1	2
165	경기 양주시	1	송추하수처리장	3,950	2	3	6	1,488,641	1	2	1	5	3	1	1	2	1	1	2
166	경기 양주시	1	봉양하수처리장	3,000	1	3	6	1,070,780	1	2	1	5	3	1	1	2	1	1	2
167	경기 양주시	1	기산하수처리장	13,000	1	3	7	2,373,815	2	2	1	5	3	1	1	2	1	1	2
168	경기 양주시	1	옥정하수처리장	850	1	3	4	527,169	2	2	1	5	3	1	1	2	1	1	2
169	경기 양주시	1	광백하수처리장	22,000	1	3	14	5,200,519	1	2	1	5	3	1	1	2	1	1	2
170	경기 양주시	5	분뇨처리시설	120	1	3	1	150,729	1	2	1	5	3	1	1	2	1	1	2
171	경기 포천시	1	포천하수처리장	24,000	1	3	22	3,807,164	1	2	1	5	3	1	1	2	1	1	4(협약서)
172	경기 포천시	1	송우공공하수처리장	22,000	1	3	13	2,485,703	1	2	1	5	3	1	1	2	2	1	4(협약서)
173	경기 포천시	1	소흘공공하수처리시설	10,300	1	3	11	1,891,134	1	2	1	5	3	1	1	2	2	1	4(협약서)
174	경기 포천시	1	백운공공하수처리시설	5,200	1	3	9	1,430,910	1	2	1	5	3	1	1	2	2	1	4(협약서)
175	경기 포천시	1	내촌공공하수처리시설	2,000	1	3	5	671,923	1	2	1	5	3	1	1	2	2	1	4(협약서)
176	경기 포천시	1	영중공공하수처리시설	2,690	1	3	6	1,294,366	1	2	1	5	3	1	1	2	2	1	4(협약서)
177	경기 포천시	1	작동공공하수처리시설	1,200	1	3	5	609,803	1	2	1	5	3	1	1	2	2	1	4(협약서)

순번	시도	시군구	공공하수도 종류 1. 하수처리시설 (소규모 제외) 2. 슬러지건조시설 3. 슬러지소각시설 4. 분뇨처리시설 5. 기타( )	시설명	시설용량 (ton/일)	하수도 재정지원 받음 1. 재정사업 2. 민간투자사업(BTO) 3. 기타( ) 4. 해당없음	시설 운영주체 1. 지방 2. 공사, 공단 3. 민간기업 4. 기타 •운용사 총 수 기입	운영인원 합계 (명)	운영비용 (단위:천원 /1년간) •직영시 운영비용 기입	예산편성 비목 1. 민간위탁금 (307-05) 2. 공기관등에 대한 경상적 위탁사업비 (308-13) 3. 민간위탁사업비(402-03) 4. 직영 5. 기타 (비목명 기입)	운영업자 선정 방법 1. 지자체 자체 선정 2. 전문 기관에 의뢰 3. 기타( ) 4. 해당없음 •직영시 미기입	계약체결방법 (경쟁방법) 1. 일반경쟁 2. 제한경쟁 3. 지명경쟁 4. 수의계약 5. 방침예방 6. 기타( ) 7. 해당없음	계약기간 1. 1년 2. 2년 3. 3년 4. 4년 5. 5년 6. 기타 (기입) 7. 해당없음	낙찰자선정방법 (수의계약 시 해당없음) 1. 기술가격분리입찰 2. 적격심사 3. 종합낙찰방식 4. 최저가낙찰제 5. 규격가격분리 6. 2단계 경쟁입찰 7. 기타( ) 8. 해당없음	성과평가 실시 여부 1. 실시 2. 미실시 3. 향후 추진 4. 해당없음	성과평가 주기 1. 매년 2. 2년 3. 기타( ) 4. 해당없음	성과평가 실시 방법 1. 지자체 자체평가 2. 상.하수도 협회 의뢰 3. 기타( ) 4. 해당없음	평가기준 적용방법 1. 환경부 지침 2. 환경부 지침 + 지역여건반영 3. 전문 평가기관 의뢰 4. 기타( ) 5. 해당없음	실제 인센티브 및 패널티 적용 유무 1. 적용 2. 적용 안함 3. 기타( ) 4. 해당없음	인센티브 및 패널티 적용근거 1. 조례 2. 계약서 3. 지침 4. 기타( ) 5. 해당없음
178	경기	포천시	1	선단공공하수처리시설	1,200	1	3	5	637,853		2	1	5	1	1	1	2	2	1	4(업약서)
179	경기	포천시	1	관인공공하수처리시설	700	1	3	5	489,822	1	2	1	5	1	1	1	2	2	1	4(업약서)
180	경기	포천시	1	포천공공하수처리시설	3,600	1	3	7	1,062,253	1	2	1	5	1	1	1	2	2	1	4(업약서)
181	경기	포천시	5(소규모하수)	군자소규모하수처리시설	39	1	3	4	482,907	1	2	1	5	1	1	1	2	2	1	4(업약서)
182	경기	포천시	4	영송분뇨처리시설	90	1	3	5	1,083,443	1	2	1	5	1	1	1	2	2	1	4(업약서)
183	경기	포천시	4	신북분뇨처리시설	60	1	3	2	188,109	1	2	1	5	1	1	1	2	2	1	4(업약서)
184	경기	양평군	4	양이동분뇨처리시설	30	1	3	1	88,106	1	2	1	5	1	1	1	1	1	1	3
185	경기	양평군	1	강하하수처리장	5,700	1	2	6	1,185,385	2	2	1	5	4	8	1	1	1	1	3
186	경기	양평군	1	옥천하수처리장	700	1	2	5	447,499	2	2	1	5	4	8	1	1	1	1	3
187	경기	양평군	1	단월하수처리장	2,400	1	2	4	846,043	2	2	1	5	4	8	1	1	1	1	3
188	경기	양평군	1	서종하수처리장	1,700	1	2	5	663,568	2	2	1	5	4	8	1	1	1	1	3
189	경기	양평군	1	양동하수처리장	1,700	1	2	5	736,723	2	2	1	5	4	8	1	1	1	1	3
190	경기	양평군	1	양서하수처리장	1,700	1	2	4	585,890	2	2	1	5	4	8	1	1	1	1	3
191	경기	양평군	1	양평하수처리장	3,000	1	2	11	835,581	2	2	1	5	4	8	1	1	1	1	3
192	경기	양평군	1	용문하수처리장	21,400	1	2	10	3,129,030	2	2	1	5	4	8	1	1	1	1	3
193	경기	양평군	1	용문신애하수처리장	8,300	1	2	5	1,591,160	2	2	1	5	4	8	1	1	1	1	3
194	경기	양평군	1	지평하수처리장	1,700	1	2	5	569,487	2	2	1	5	4	8	1	1	1	1	3
195	경기	양평군	1	청운하수처리장	1,000	1	2	5	538,631	2	2	1	5	4	8	1	1	1	1	3
196	경기	양평군	1	하자포하수처리장	500	1	2	5	363,968	2	2	1	5	4	8	1	1	1	1	3
197	경기	양평군	4	양평분뇨	900	1	2	4	553,270	2	2	1	5	4	8	1	1	1	1	3
198	경기	양평군	4	가축분뇨	90	1	2	6	409,233	2	2	1	5	4	8	1	1	1	1	3
199	경기	양평군	4	문호분뇨	150	1	2	6	91,877	1	4	1	7	8	1	1	1	1	3	3
200	강원	춘천시	1	강촌,서면,신북하수처리장	4,500	1	1	16	1,612,000	1	2	1	7	8	1	4	4	4	5	5
201	강원	원주시	1	원주공공하수처리장	156,000	1	3	24	11,112,944	4	2	3	4	3	1	1	1	1	1	2
202	강원	원주시	1	원주기업도시 하수처리장	12,600	1	3	12	1,994,260	1	2	5	3	1	1	1	1	1	2	2
203	강원	원주시	1	원주시 분뇨처리장	13,000	1	3	13	2,080,700	1	2	2	5	3	1	1	1	1	1	2
204	강원	원주시	4	원주시 분뇨처리시설	300	1	3	6	583,445	1	1	1	5	3	1	1	1	1	1	2
205	강원	강릉시	1	강릉공공하수처리시설	75,000	1	3	73			1	5	7	3	1	1	1	1	1	2
206	강원	강릉시	1	강릉공공하수처리시설	12,000	1	3	73			1	5	7	3	1	1	1	1	1	2
207	강원	강릉시	1	옥계진공공하수처리시설	1,600	1	3	73		1	1	5	7	3	1	1	1	1	1	2
208	강원	강릉시	1	정동진공공하수처리시설	1,500	1	3	73			1	2	5	3	1	1	2	3	1	2
209	강원	강릉시	1	사천공공하수처리시설	1,200	1	3	73			1	2	5	3	1	1	2	3	1	2
210	강원	강릉시	4	강릉공공분뇨처리시설	250	1	3	23	2,781,207	1	2	2	5	3	1	2	2	3	1	2
211	강원	동해시	1	동해하수처리장	53,000	1	3	23	2,781,207	1	4	2	7	8	4	4	4	5	4	5
212	강원	속초시	1	하수처리사업소	46,000	1	1	32	22,538,316	4	4	1	7	8	4	4	4	5	4	5
213	강원	속초시	4	하수처리사업소	100	1	1	32	22,538,316	4	1	1	5	3	1	1	2	3	2	5

- 9 -

순번	시군구	공공하수도 종류 1.하수처리시설(순환로 제외) 2.환치리건조시설 3.슬러지순환시설 4.분뇨처리시설 5.기타( )	시설명	시설용량 (ton/일)	하수도 재원마련 방안 1.재정사업 2.민간투자사업(임대BTO) 3.기타( ) 4.해당없음	시설 운영주체 1.자영 2.공사,공단 3.민간기업 4.기타 *운영시 중복 기입	운영인원 합계 (명)	운영비용 (단위:천원/1년간) *직영시 운영예산 기입	예산편성 비목 1.민간위탁금(307-05) 2.공기관에 대한 경상적 위탁사업비(308-13) 3.민간위탁사업비(402-03) 4.자영 5.기타 (비목명 기입)	운영주선 선정 방법 1.지자체 자체 선정 2.전문 기관에 의뢰 3.기타 ( ) 4.해당없음 *직영시 미기입	계약체결방법 (경쟁형태) 1.일반경쟁 2.제한경쟁 3.지명경쟁 4.수의계약 5.법정위탁 6.기타 ( ) 7.해당없음	계약기간 1.1년 2.2년 3.3년 4.4년 5.5년 6.기타 ( )년 7.해당없음	낙찰자선정방법 (수의계약 시 해당없음) 1.기술가격분리입찰 2.적격심사 3.협상에의한계약 4.최저가낙찰제 5.규격가낙찰 6.2단계 경쟁입찰 7.기타 ( ) 8.해당없음	성과평가 실시 여부 1.실시 2.미실시 3.향후 추진 4.해당없음	성과평가 주기 1.매년 2.격년 3.기타 ( ) 4.해당없음	성과평가 실시 방법 1.지자체 자체평가 2.상하수도 협회 의뢰 3.기타 ( ) 4.해당없음	평가기준 적용방법 1.환경부 지침 적용 2.환경부 지침 -지역여건반영 3.전문 평가기관 의뢰 4.기타 ( ) 5.해당없음	실제 인센티브 및 페널티 적용 유무 1.적용 적용 2.적용 안함 3.기타 ( ) 4.해당없음	인센티브 및 페널티 적용근거 1.조례 2.계약 3.지침 4.기타 ( ) 5.해당없음
214	강원 삼척시	1	삼척하수처리장	25,000	1	3	22	6,300,000	3	2	2	5	3	1	1	1	1	1	2
215	강원 횡성군	1	횡성 공공하수처리시설	10,800	1	3	30		1	2	2	5	3	1	1	1	1	1	2
216	강원 횡성군	1	우천 공공하수처리시설	1,000	1	3	30	3,149,024	1	2	2	5	3	1	1	1	1	1	2
217	강원 횡성군	1	둔내 공공하수처리시설	1,500	1	3	30		1	2	2	5	3	1	1	1	1	1	2
218	강원 영월군	1	영월하수	11,000	1	3	6.2	2,536,999	1	2	2	5	3	1	1	1	1	1	2
219	강원 영월군	1	쌍용하수	900	1	3	2.4	356,982	1	2	2	5	3	1	1	1	1	1	2
220	강원 영월군	1	주천하수	900	1	3	2.4	347,685	1	2	2	5	3	1	1	2	1	2	5
221	강원 영월군	1	상동하수	600	1	3	1.6	221,523	1	2	2	5	3	1	1	2	1	2	5
222	강원 영월군	1	진부	5,000	2	3	12	3,231,381	1	2	2	6	8	2	3	2	1	1	2
223	강원 영월군	1	대화	1,000	2	3	12		1	2	1	6	8	2	3	2	1	1	2
224	강원 영월군	1	평창	5,000	1	3	37		1	2	1	5	3	1	1	2	1	1	2
225	강원 영월군	1	봉평	2,700	1	3	37		1	2	1	5	3	1	1	2	1	1	2
226	강원 영월군	1	면온	1,300	1	3	37		1	2	1	5	3	1	1	2	1	1	2
227	강원 영월군	1	용평	1,200	1	3	37		1	2	1	5	3	1	1	2	1	1	2
228	강원 영월군	1	월정2리	300	1	3	37		1	2	1	5	3	1	1	2	1	1	2
229	강원 영월군	1	장평	250	1	3	37		1	2	1	5	3	1	1	2	1	1	2
230	강원 영월군	1	창리	250	1	3	37		1	2	1	5	3	1	1	2	1	1	2
231	강원 영월군	1	노동	200	1	3	37		1	2	1	5	3	1	1	2	1	1	2
232	강원 영월군	1	계촌	170	1	3	37		1	2	1	5	3	1	1	2	1	1	2
233	강원 영월군	1	평촌	170	1	3	37		1	2	1	5	3	1	1	2	1	1	2
234	강원 영월군	1	하안미	160	1	3	37		1	2	1	5	3	1	1	2	1	1	2
235	강원 영월군	1	주진	150	1	3	37		1	2	1	5	3	1	1	2	1	1	2
236	강원 영월군	1	이목	100	1	3	37		1	2	1	5	3	1	1	2	1	1	2
237	강원 영월군	1	용정	100	1	3	37	6,722,009	1	2	1	5	3	1	1	2	1	1	2
238	강원 영월군	1	운교	80	1	3	37		1	2	1	5	3	1	1	2	1	1	2
239	강원 영월군	1	속사	60	1	3	37		1	2	1	5	3	1	1	2	1	1	2
240	강원 영월군	1	방림2리	50	1	3	37		1	2	1	5	3	1	1	2	1	1	2
241	강원 영월군	1	하송받	50	1	3	37		1	2	1	5	3	1	1	2	1	1	2
242	강원 영월군	1	하일	50	1	3	37		1	2	1	5	3	1	1	2	1	1	2
243	강원 영월군	1	회동리	50	1	3	37		1	2	1	5	3	1	1	2	1	1	2
244	강원 영월군	1	월계3	50	1	3	37		1	2	1	5	3	1	1	2	1	1	2
245	강원 영월군	1	신속받	43	1	3	37		1	2	1	5	3	1	1	2	1	1	2
246	강원 영월군	1	기화	40	1	3	37		1	2	1	5	3	1	1	2	1	1	2
247	강원 영월군	1	마하2	40	1	3	37		1	2	1	5	3	1	1	2	1	1	2
248	강원 영월군	1	방림4	40	1	3	37		1	2	1	5	3	1	1	2	1	1	2
249	강원 영월군	1	기화동	30	1	3	37		1	2	1	5	3	1	1	2	1	1	2

순번	시군구	공공하수도 종류 1.하수처리시설(소규모 제외) 2.슬러지건조시설 3.슬러지소각시설 4.분뇨처리시설 5.기타()	시설명	시설용량 (ton/일)	하수도 재활용민 방안 1.재정사업 2.민간투자사업(BTO) 3.기타() 4.해당없음	시설 운영주체 1.직영 2.공사,공단 3.민간기업 4.기타 *운영시 중복 기입	운영인원 합계 (명)	운영비용 (단위:천원/1년간) *직영시 운영예산 기입	예산편성 내역 1.민간위탁금(307-05) 2.공기관등에 대한 경상적 위탁사업비(308-13) 3.민간위탁사업비(402-03) 4.직영 5.기타(비매용 기입)	운영예산 산정 방법 1.지자체 자체 산정 2.전문 기관에 의뢰 3.기타() 4.해당없음	계약방식 계약방식결정 (경쟁방식) 1.일반경쟁 2.제한경쟁 3.지명경쟁 4.수의계약 5.발주위탁 6.기타() 7.해당없음	계약기간 1.1년 2.2년 3.3년 4.4년 5.5년 6.기타()1년 7.해당없음	낙찰자결정방법 (수의계약 시 해당없음) 1.기술용가제한입찰 2.적격심사 3.종합평가의계약 4.최저가입찰 5.규격가격결 6.2단계 경쟁입찰 7.기타() 8.해당없음	관리대행 성과평가 관련 성과평가 실시 여부 1.실시 2.미실시 3.향후 추진 4.해당없음	성과평가 주기 1.매년 2.격년 3.기타() 4.해당없음	성과평가 실시 방법 1.지자체 자체평가 2.상·하수도 협회 의뢰 3.기타() 4.해당없음	평가기준 적용방법 1.환경부 지침 2.환경부 지침 +지역여건반영 3.전문 평가기관 의뢰 4.기타() 5.해당없음	평가결과 적용 실제 인센티브 및 패널티 적용 유무 1.매년 적용 2.적용 안함 3.기타() 4.해당없음	인센티브 및 패널티 적용근거 1.조례 2.계약서 3.지침 4.기타() 5.해당없음
250	강원 평창군	1	고둔동	30	1	3													2
251	강원 평창군	1	미탄	20	1	3	37												3
252	강원 정선군	1	지장천하수처리장	9,500	1	3	37	1,840,534		2	2	5	3	1	1	2	1	1	3
253	강원 정선군	1	정선읍하수처리장	3,800	1	3	9	1,412,133	1	2	2	5	3	1	1	2	3	1	3
254	강원 정선군	1	신동읍하수처리장	1,850	1	3	6	855,847	1	2	2	5	3	1	1	2	3	1	3
255	강원 정선군	1	임계하수처리장	600	1	3	6	363,779	1	2	2	5	3	1	1	2	3	1	3
256	강원 정선군	1	여량하수처리장	520	1	3	3	402,159	1	2	2	5	3	1	1	2	3	1	3
257	강원 정선군	4	환경위생시설	20	1	3	3	521,378	1	4	7	7	8	4	4	4	5	4	5
258	강원 철원군	4	강원도 분뇨처리시설	4,200	1	1	4	3,787,460	4	2	7	7	3	4	4	4	1	4	4
259	강원 철원군	4	철원군 분뇨처리시설	70	1	1	3	553,024	4	2	6	5	3	1	1	1	1	3	4
260	강원 철원군	1	철원하수처리장	3,500	1	3	2		1	2	6	5	3	1	1	1	1	3	4
261	강원 철원군	1	서원하수처리장	1,600	1	3	30	3,960,066	1	2	6	5	3	1	1	1	1	3	4
262	강원 화천군	1	신원하수처리장	1,300	1	3	30	1,585,540	1	4	7	7	8	4	4	5	5	4	5
263	강원 화천군	4	화천군 분뇨처리시설	40	1	1	10	526,920	4	2	2	5	3	1	1	1	1	2	5
264	강원 화천군	1	화천중앙 공공하수처리시설	6,700	1	3	2	1,30,679	1	2	2	5	3	1	1	1	1	2	5
265	강원 양구군	1	국토중앙면 공공하수처리시설	1,900	1	3	9	487,245	1	2	2	5	3	1	1	2	1	2	5
266	강원 양구군	1	구량 공공하수처리시설	1,300	1	3	4	223,149	1	2	2	5	3	1	1	2	1	2	2
267	강원 양구군	1	구방 공공하수처리시설	1,000	1	3	2	208,653	1	2	2	5	3	1	1	2	1	2	2
268	강원 양구군	1	송현 공공하수처리시설	1,200	1	3	3	223,637	1	2	2	5	3	1	1	2	1	2	2
269	강원 양구군	1	파리 공공하수처리시설	700	1	3	3	185,051	1	2	2	5	3	1	1	2	1	2	2
270	강원 양구군	1	동면 공공하수처리시설	1,700	1	3	2	267,128	1	2	2	5	3	1	1	2	1	2	2
271	강원 양구군	4	양구위생처리장	50	1	3	2	257,844	1	2	4	5	1	1	2	2	1	1	2
272	강원 인제군	1	인제하수처리장	3,200	1	3	8	92,295	1	2	4	5	8	1	1	2	1	1	2
273	강원 인제군	1	북면하수처리장	2,700	1	3	4	6-1,485	1	2	4	5	8	1	1	2	1	1	5
274	강원 인제군	1	기린면 공공하수처리장	1,700	1	3	3	465,640	1	2	6	4	8	1	1	2	1	1	5
275	강원 인제군	1	서화면 공공하수처리장	1,500	1	3	3	483,096	1	2	6	4	8	1	1	2	1	1	5
276	강원 인제군	1	남면 공공하수처리장	1,000	1	3	2	299,950	1	2	6	4	8	1	1	2	1	1	5
277	강원 인제군	1	남면공공하수처리장	700	1	3	1	238,418	1	2	6	4	8	1	1	2	1	1	5
278	강원 인제군	1	강선공공하수처리장	4,300	1	3	22	2,099,988	1	3	6	6	7	3	3	1	1	2	5
279	강원 인제군	1	거진공공하수처리장	5,000	1	3	11	1,349,994	1	3	6	6	7	3	3	1	1	2	5
280	강원 인제군	1	토성공공하수처리장	8,500	1	3	4	449,998	1	3	6	6	7	3	3	1	1	2	5
281	강원 양양군	1	양양	10,500	1	3	27			3	6	6	7	3	3	1	1	2	5
282	강원 양양군	1	벌	1,200	1	3	27			3	6	6	7	3	3	1	1	2	5
283	강원 양양군	1	하조대	1,000	1	3	27			3	6	6	7	3	3	1	1	2	5
284	강원 양양군	1	화랑	850	1	3	27			3	6	6	7	3	3	1	1	2	5
285	강원 양양군	1	손양	600	1	3	27			3	6	6	7	3	3	1	1	2	5

순번	시군구	공공하수도 종류 (1.하수처리시설 (소규모 제외) 2.숙뇨처리시설 3.분뇨처리시설 4.분뇨처리시설 5.기타())	시설명	시설용량 (ton/일)	하수도 재원조달 방안 (1.재정사업 2.민간투자사업(BTO) 3.기타() 4.해당없음)	시설 운영주체 (1.자영 2.공사,공단 3.민간기업 4.기타 ·운영시 공체 기입)	운영인력 합계 (명)	운영비용 (단위:천원/1년간) ·자영시 운영상 기입	예산편성 내역 (1.민간학교 (007-05) 2.공기금통해 (308-13) 3.민간위탁비(402-03) 4.자명 5.기타 (예산편성))	운영성 산정 방법 (1.지자체 자체 산정 2.전문 기관에 의뢰 3.기타 4.해당없음 ·자명시 미기입)	계약방식 (경영형태) (1.도급형 2.채무형 3.지정형 4.수의계약 5.법정위탁 6.기타() 7.해당없음)	계약기간 (1.1년 2.2년 3.3년 4.4년 5.5년 6.기타() 7.해당없음)	낙찰자선정방법 (수의계약 시 해당없음) (1.기술가격분리입찰 2.적격심사 3.협상에의한계약 4.최적가격선정 5.규격가격분리 6.2단계 경영입찰 7.기타 8.해당없음)	성과평가 실시 여부 (1.실시 2.미실시 3.향후 추진 4.해당없음)	성과평가 주기 (1.매년 2.격년 3.기타() 4.해당없음)	성과평가 실시주체 방법 (1.지자체 자체평가 2.상/하수도 협회 의뢰 3.기타() 4.해당없음)	평가기준 적용방법 (1.중앙부 지침 적용 2.환경부 지침 3.+지역여건반영 3.전문 평가기관 의뢰 4.기타() 5.해당없음)	실제 인센티브 및 페널티 적용 유무 (1.페널 적용 2.적용 안함 3.기타() 4.해당없음)	인센티브 및 페널티 적용근거 (1.조례 2.계약서 3.지침 4.기타() 5.해당없음)
286	강원영월	4	분뇨	50	1	3	27				6	6	7	1	3	1	1	2	5
287	강원영월	1	문진2리	160	1	3	27		1	3	6	6	7	1	3	1	1	2	5
288	강원영월	1	동료리	90	1	3	27		1	3	6	6	7	1	3	1	1	2	5
289	강원영월	1	상동하송리	80	1	3	27		1	3	6	6	7	1	3	1	1	2	5
290	강원영월	1	여성전	80	1	3	27		1	3	6	6	7	1	3	1	1	2	5
291	강원영월	1	외룡리	60	1	3	27		1	3	6	6	7	1	3	1	1	2	5
292	강원영월	1	매호	50	1	3	27	5,500,000	1	3	6	6	7	1	3	1	1	2	5
293	강원영월	1	성복리	50	1	3	27		1	3	6	6	7	1	3	1	1	2	5
294	강원영월	1	북원리	48	1	3	27		1	3	6	6	7	1	3	1	1	2	5
295	강원영월	1	수리	48	1	3	27		1	3	6	6	7	1	3	1	1	2	5
296	강원영월	1	진교리	45	1	3	27		1	3	6	6	7	1	3	1	1	2	5
297	강원영월	1	도리	40	1	3	27		1	3	6	6	7	1	3	1	1	2	5
298	강원영월	1	송리	40	1	3	27		1	3	6	6	7	1	3	1	1	2	5
299	강원영월	1	지전리	40	1	3	27		1	3	6	6	7	1	3	1	1	2	5
300	강원영월	1	동호리	35	1	3	27		1	3	6	6	7	1	3	1	1	2	5
301	강원영월	1	광수천리	30	1	3	27		1	3	6	6	7	1	3	1	1	2	5
302	강원영월	1	원발천리	25	1	3	27		1	3	6	6	7	1	3	1	1	2	5
303	강원영월	1	내반리	20	1	3	27		1	3	6	6	7	1	3	1	1	2	5
304	강원영월	1	오색	400	1	3	27		1	2	1	5	3	1	1	2	1	1	2
305	충북 청주시	1,3,4,5	청주공공하수처리시설	320,000	1	3	78	30,613,000	1	2	2	5	2,3,5	1	1	2	1	1	2
306	충북 청주시	1	내수공공하수처리장	8,000	1	3	44	9,014,855	1	2	2	5	2,3,5	1	1	2	1	1	2
307	충북 청주시	4	내수분뇨처리시설	210	1	3	44		1	2	2	5	2,3,5	1	1	2	1	1	2
308	충북 청주시	1	미원공공하수처리시설	700	1	3	44		1	2	2	5	2,3,5	1	1	2	1	1	2
309	충북 청주시	1	오창공공하수처리장	3,300	1	3	44	3,588,405	1	2	2	5	2,3,5	1	1	2	1	1	2
310	충북 청주시	1	강내공공하수처리장	4,000	1	3	21		1	2	2	5	3	1	1	2	1	1	2
311	충북 청주시	1	오송공공하수처리장	2,000	1	3	21	2,693,580	1	2	2	5	3	1	1	2	1	1	2
312	충북 청주시	1	문의공공하수처리장	500	1	3	17		1	2	2	5	3	1	1	2	1	1	2
313	충북 청주시	1	미현공공하수처리장	500	1	3	17		1	2	2	5	3	1	1	2	1	1	2
314	충북 청주시	1	북석공공하수처리장	500	1	3	17		1	2	2	5	3	1	1	2	1	1	2
315	충북 청주시	1	옥산공공하수처리장	2,600	1	3	17	949,990	1	2	2	5	3	1	1	2	1	1	2
316	충북 청주시	1	비아공공하수처리장	1,000	1	3	6	781,610	1	4	7	7	8	4	4	4	5	4	5
317	충북 청주시	4	충주공공생활처리	200	1	3	2	4,478,533	4	4	7	7	8	4	4	4	5	4	5
318	충북 청주시	1	충주하수처리장	75,000	1	3	47	334,301	4	4	7	7	8	4	4	4	5	4	5
319	충북 충주시	1	수안보하수처리장	14,000	1	3	6		1	2	6	2	3	1	1	1	1	1	2
320	충북 충주시	1	주덕하수처리장	4,000	1	3	10	1,378,967	1	2	6	2	3	1	1	1	1	1	2
321	충북 충주시	1	암성하수처리장	900	1	3	10		1	2	6	2	3	1	1	1	1	1	2

- 9 -

순번	시군구	공공하수도 종류 1.하수처리시설(소규모 제외) 2.분뇨처리조시설 3.분뇨처리소시설 4.분노처리시설 5.기타( )	시설명	시설용량 (ton/일)	하수도 재정마련 방안 1.재정사업 2.민간투자사업(BTO) 3.기타( ) 4.해당없음	시설 운영주체 1.직영 2.공사,공단 3.민간기업 4.기타( ) ※운용시 중복 기입	운영인력 합계 (명)	운영비용 (단위:천원/1년간) ※직영시 운영예산 기입	예산편성 비목 1.인건비목(307-05) 2.공기중에 대한 경상적 위탁사업비(308-13) 3.인간위탁사업비(402-03) 4.직영 5.기타 (비예목 기입)	운영자산 선정 방법 1.지자체 자체 선정 2.전문 기관에 의뢰 3.기타( ) 4.해당없음	계약체결방법 (경영형태) 1.통합경영 2.재원경영 3.지자체경영 4.수의계약 5.법원계약 6.기타( ) 7.해당없음	계약기간 1.1년 2.2년 3.3년 4.4년 5.5년 6.기타(1년) 7.해당없음	낙찰자선정방법 (수의계약 시 해당없음) 1.기술가격분리입찰 2.적격심사 3.협상에의한계약 4.최저가가낙찰제 5.규격가격분리 6.2단계 경쟁입찰 7.기타( ) 8.해당없음	성과평가 실시 여부 1.실시 2.미실시 3.향후 추진 4.해당없음	성과평가 주기 1.매년 2.격년 3.기타( ) 4.해당없음	성과평가 실시 방법 1.지자체 자체평가 2.상·하수도 협회 의뢰 3.기타( ) 4.해당없음	평가기준 적용방법 1.협회 본 부 지침 2.협회 본 부 지침 +지역여건반영 3.전문 평가기관 의뢰 4.기타( ) 5.해당없음	실제 인센티브 패널티 적용 유무 1.예산 적용 2.직원 인센 3.기타( ) 4.해당없음	인센티브 및 패널티 적용기 1.조례 2.계약서 3.지침 4.기타( ) 5.해당없음
322	충북 충주시	1	엉성건등업하수처리장	1,800	1	3	10		1	2	6	5	3	1	1	1	2	2	2
323	충북 충주시	5	자랑등하수처리장	45	1	3	21		1	2	6	5	3	1	1	1	2	2	2
324	충북 충주시	5	정평하수처리장	25	1	3	21		1	2	6	5	3	1	1	1	2	2	2
325	충북 충주시	5	발웅하수처리장	60	1	3	21		1	2	6	5	3	1	1	1	2	2	2
326	충북 충주시	5	새울막하수처리장	60	1	3	21		1	2	6	5	3	1	1	1	2	2	2
327	충북 충주시	5	문신하수처리장	30	1	3	21		1	2	6	5	3	1	1	1	2	2	2
328	충북 충주시	5	신계하수처리장	30	1	3	21		1	2	6	5	3	1	1	1	2	2	2
329	충북 충주시	5	불화하수처리장	35	1	3	21		1	2	6	5	3	1	1	1	2	2	2
330	충북 충주시	5	상재오계하수처리장	15	1	3	21		1	2	6	5	3	1	1	1	2	2	2
331	충북 충주시	5	새태하수처리장	30	1	3	21		1	2	6	5	3	1	1	1	2	2	2
332	충북 충주시	5	손향신하수처리장	30	1	3	21		1	2	6	5	3	1	1	1	2	2	2
333	충북 충주시	5	대문하수처리장	50	1	3	21		1	2	6	5	3	1	1	1	2	2	2
334	충북 충주시	5	내스리하수처리장	70	1	3	21		1	2	6	5	3	1	1	1	2	2	2
335	충북 충주시	5	송품하수처리장	50	1	3	21		1	2	6	5	3	1	1	1	2	2	2
336	충북 충주시	5	미목리하수처리장	140	1	3	21		1	2	6	5	3	1	1	1	2	2	2
337	충북 충주시	5	수하하수처리장	35	1	3	21		1	2	6	5	3	1	1	1	2	2	2
338	충북 충주시	5	신촌하수처리장	40	1	3	21		1	2	6	5	3	1	1	1	2	2	2
339	충북 충주시	5	영풍하수처리장	20	1	3	21		1	2	6	5	3	1	1	1	2	2	2
340	충북 충주시	5	마신하수처리장	30	1	3	21		1	2	6	5	3	1	1	1	2	2	2
341	충북 충주시	5	배풍하수처리장	15	1	3	21		1	2	6	5	3	1	1	1	2	2	2
342	충북 충주시	5	숭선하수처리장	35	1	3	21		1	2	6	5	3	1	1	1	2	2	2
343	충북 충주시	5	동목리하수처리장	50	1	3	21		1	2	6	5	3	1	1	1	2	2	2
344	충북 충주시	5	목편하수처리장	20	1	3	21		1	2	6	5	3	1	1	1	2	2	2
345	충북 충주시	5	노은하수처리장	250	1	3	21	2,509,722	1	2	6	5	3	1	1	1	2	2	2
346	충북 충주시	5	서목하수처리장	20	1	3	21		1	2	6	5	3	1	1	1	2	2	2
347	충북 충주시	5	수양하수처리장	30	1	3	21		1	2	6	5	3	1	1	1	2	2	2
348	충북 충주시	5	조대하수처리장	20	1	3	21		1	2	6	5	3	1	1	1	2	2	2
349	충북 충주시	5	상대본하수처리장	60	1	3	21		1	2	6	5	3	1	1	1	2	2	2
350	충북 충주시	5	강정하수처리장	12	1	3	21		1	2	6	5	3	1	1	1	2	2	2
351	충북 충주시	5	의하수처리장	30	1	3	21		1	2	6	5	3	1	1	1	2	2	2
352	충북 충주시	5	하기복하수처리장	60	1	3	21		1	2	6	5	3	1	1	1	2	2	2
353	충북 충주시	5	갈마하수처리장	50	1	3	21		1	2	6	5	3	1	1	1	2	2	2
354	충북 충주시	5	임목하수처리장	60	1	3	21		1	2	6	5	3	1	1	1	2	2	2
355	충북 충주시	5	충목하수처리장	50	1	3	21		1	2	6	5	3	1	1	1	2	2	2
356	충북 충주시	5	인당하수처리장	400	1	3	21		1	2	6	5	3	1	1	1	2	2	2
357	충북 충주시	5	참목하수처리장	60	1	3	21		1	2	6	5	3	1	1	1	2	2	2

순번	시군구	공공하수도 종류 1.하수처리시설(소규모 제외) 2.분뇨처리시설 3.슬러지소각시설 4.분뇨처리시설 5.기타( )	시설명	시설용량 (ton/일)	하수도 재원마련 방안 1.재정사업 2.민간투자사업(BTO) 3.기타 4.해당없음	시설 운영주체 1.직영 2.공사,공단 3.민간기업 4.기타 • 운영사 중복 가입	운영인력 합계(명)	운영비용 (단위:천원/1년간) • 직영시 운영예산 기입	예산편성 비목 1.인건비등(307-05) 2.공기관등에 대한 경상적 위탁사업비(308-13) 3.민간위탁사업비(402-03) 4.직영 5.기타(비목명 기입)	운영사 선정 방법 1.지자체 자체 선정 2.전문 기관에 의뢰 3.기타 4.해당없음 • 직영시 미가입	계약체결방법 (공통형등) 1.일반경쟁 2.제한경쟁 3.지명경쟁 4.수의계약 5.협동형태 6.기타 7.해당없음	계약기간 1.1년 2.2년 3.3년 4.4년 5.5년 6.기타()년 7.해당없음	낙찰자선정방법 (수의계약 시 해당없음) 1.기술가격분리입찰 2.적격심사 3.협상에의한계약 4.최저가낙찰제 5.규격가낙찰제 6.2단계 경쟁입찰 7.기타() 8.해당없음	성과평가 실시 여부 1.실시 2.미실시 3.향후 추진 4.해당없음	성과평가 주기 1.매년 2.격년 3.기타() 4.해당없음	성과평가 실시 방법 1.지자체 자체평가 2.상·하수도 협회 의뢰 3.기타() 4.해당없음	평가기준 적용방법 1.환경부 지침 적용 2.환경부 지침 -지역여건반영 3.전문 평가기관 의뢰 4.기타() 5.해당없음	실제 인센티브 및 패널티 적용 유무 1.적용 적용 2.적용 안함 3.기타() 4.해당없음	인센티브 및 패널티 적용근거 1.조례 2.계약서 3.지침 4.기타() 5.해당없음
358	충북 충주시	5	하구암하수처리장	25	1	3	21		1	2	6	5	3	1	1	1	2	2	2
359	충북 충주시	5	합천하수처리장	65	1	3	21		1	2	6	5	3	1	1	1	2	2	2
360	충북 충주시	5	속동하수처리장	64	1	3	21		1	2	6	5	3	1	1	1	2	2	2
361	충북 충주시	5	칠동하수처리장	45	1	3	21		1	2	6	5	3	1	1	1	2	2	2
362	충북 충주시	5	월상하수처리장	50	1	3	21		1	2	6	5	3	1	1	1	2	2	2
363	충북 충주시	5	도리하수처리장	220	1	3	21		1	2	6	5	3	1	1	1	2	2	2
364	충북 충주시	5	문락하수처리장	60	1	3	21		1	2	6	5	3	1	1	1	2	2	2
365	충북 충주시	5	오량어하수처리장	50	1	3	21		1	2	6	5	3	1	1	1	2	2	2
366	충북 충주시	5	용대하수처리장	120	1	3	21		1	2	6	5	3	1	1	1	2	2	2
367	충북 충주시	5	사천하수처리장	20	1	3	21		1	2	6	5	3	1	1	1	2	2	2
368	충북 충주시	5	엄정지하수처리장	45	1	3	21		1	2	6	5	3	1	1	1	2	2	2
369	충북 충주시	5	동창하수처리장	400	1	3	21		1	2	6	5	3	1	1	1	2	2	2
370	충북 충주시	5	문교하수처리장	180	1	3	21		1	2	6	5	3	1	1	1	2	2	2
371	충북 충주시	5	송평하수처리장	35	1	3	21		1	2	6	5	3	1	1	1	2	2	2
372	충북 충주시	5	도봉하수처리장	240	1	3	21		1	2	6	5	3	1	1	1	2	2	2
373	충북 충주시	5	월돈하수처리장	95	1	3	21		1	2	6	5	3	1	1	1	2	2	2
374	충북 충주시	5	매계하수처리장	125	1	3	21		1	2	6	5	3	1	1	1	2	2	2
375	충북 충주시	5	포신하수처리장	290	1	3	21		1	2	6	5	3	1	1	1	2	2	2
376	충북 충주시	5	재반하수처리장	68	1	3	21		1	2	6	5	3	1	1	1	2	2	2
377	충북 충주시	5	하남하수처리장	40	1	3	21		1	2	6	5	3	1	1	1	2	2	2
378	충북 충주시	5	조가암하수처리장	20	1	3	21		1	2	6	5	3	1	1	1	2	2	2
379	충북 충주시	5	가검하수처리장	45	1	3	21		1	2	6	5	3	1	1	1	2	2	2
380	충북 충주시	5	덕포하수처리장	15	1	3	21		1	2	6	5	3	1	1	1	2	2	2
381	충북 충주시	5	별묘하수처리장	40	1	3	21		1	2	6	5	3	1	1	1	2	2	2
382	충북 충주시	5	양지말하수처리장	25	1	3	21		1	2	6	5	3	1	1	1	2	2	2
383	충북 충주시	5	중원하수처리장	40	1	3	21		1	2	6	5	3	1	1	1	2	2	2
384	충북 충주시	5	성동광역하수처리장	50	1	3	21		1	2	6	5	3	1	1	1	2	2	2
385	충북 충주시	5	소가하수처리장	50	1	3	21		1	2	6	5	3	1	1	1	2	2	2
386	충북 충주시	2	하수슬러지 처리시설	90	1	3	12	1,590,500	1	2	1	4	1	1	2	2	1	1	2
387	충북 충주시	1	송정공공하수처리장	1,200	1	3	26		1	2	6	5	3	1	1	1	2	2	2
388	충북 충주시	1	목행공공하수처리장	1,500	1	3	26	3,374,048	1	2	6	5	1	1	1	1	2	2	2
389	충북 충주시	1	목산공공하수처리장	500	1	3	26		1	2	6	5	1	1	1	1	1	1	2
390	충북 충주시	1	송가공공하수처리장	600	1	3	26		1	4	7	7	8	4	4	4	5	4	5
391	충북 제천시	1	제천공공하수처리장	70,000	1	1	28	7,466,814	4	4	7	7	8	4	4	4	5	4	5
392	충북 제천시	4	제천분뇨처리장	98	1	1	2	294,636	4	2	1	1	1	1	1	2	1	1	4
393	충북 보은군	1	보은하수처리장	7,000	1	3	11.45	2,457,632	1	2	1	5	1	1	1	2	1	1	4

- 11 -

순번	시군구	공공하수도 종류 1.하수처리시설(소규모 제외) 2.분뇨처리조시설 3.분뇨처리소시설 4.분뇨처리시설 5.기타( )	시설명	시설용량 (ton/일)	하수도 재활용의 방안 1.재활용 2.민간투자사업(BTO) 3.기타( ) 4.해당없음	시설 운영주체 1.직영 2.공사,공단 3.민간기업 4.기타 * 운영시 종사 기입	운영인원 합계 (명)	운영비용 (단위:천원/1년간) * 직영시 운영예산 기입	예산편성 비목 1.민간위탁금(307-05) 2.공기관등에 대한 경상적 위탁사업비(308-13) 3.민간위탁사업비(402-03) 4.직영 5.기타(비목 기입)	운영예산 선정 방법 1.지자체 자체 선정 2.전문 기관에 의뢰 3.기타( ) 4.해당없음	계약체결방법 (경쟁형태) 1.일반경쟁 2.제한경쟁 3.지명경쟁 4.수의계약 5.방침계약 6.기타( ) 7.해당없음	계약기간 1.1년 2.2년 3.3년 4.4년 5.5년 6.기타(1년) 7.해당없음	낙찰자결정방법 (수의계약 시 해당없음) 1.기술능력평가입찰 2.적격심사 3.협상에의한계약 4.최저가낙찰제 5.규격가격분리 6.2단계 경쟁입찰 7.기타( ) 8.해당없음	성과평가 실시 여부 1.실시 2.미실시 3.활용 추진 4.해당없음	성과평가 주기 1.매년 2.2년 3.기타( ) 4.해당없음	성과평가 실시 방법 1.지자체 자체평가 2.상·하수도 협회 의뢰 3.기타( ) 4.해당없음	평가기준 적용방법 1.환경부 지침 2.환경부 지침 +지역여건반영 3.전문 평가기관 의뢰 4.기타( ) 5.해당없음	실제 인센티브 및 페널티 적용 유무 1.매년 적용 2.제품 인용 3.기타( ) 4.해당없음	인센티브 및 페널티 적용내용 1.포상 2.계약 3.지원 4.기타( ) 5.해당없음
394	충북 보은군	1	속리산하수처리장	4,000	1	3	8.02	998,185	1	2	1	5	1	1	1	2	1	1	4
395	충북 보은군	1	마로하수처리장	600	1	3	3.53	448,071	1	2	1	5	1	1	1	2	1	1	4
396	충북 옥천군	4	분뇨처리장	30	1	3	2.5	354,237	1	2	2	5	3	1	1	1	1	2	5
397	충북 옥천군	1	옥천공공하수처리시설	18,000	1	3	32	3,526,637	1	2	2	5	3	1	1	2	1	2	5
398	충북 옥천군	4	옥천분뇨처리시설	30	1	3	12	582,698	1	2	2	5	3	1	1	2	1	2	5
399	충북 옥천군	1	이원공공하수처리시설	900	1	3	12	148,791	1	2	6	5	3	1	1	1	1	1	4
400	충북 영동군	1	영동공공하수처리시설 외 3개소	18,495	1	3	47	5,283,170	1	2	2	5	1,3	1	1	2	1	1	2
401	충북 영동군	1	중앙하수처리장	25,000	1	3	19	2,973,404	1	2	2	5	1,3	1	1	2	1	1	2
402	충북 영동군	4	중앙위생처리장	50	1	3	2	296,339	1	2	1	5	3	1	1	2	1	1	2
403	충북 진천군	1	진천하수처리장	16,600	1	3	22	2,803,499	3	2	3	3	3	1	1	2	1	1	2
404	충북 진천군	1	덕산하수처리시설	2,500	1	3	6	723,668	3	2	3	3	3	1	1	2	1	2	2
405	충북 진천군	1	이월하수처리시설	2,000	1	3	5	464,209	3	2	1	3	3	1	1	2	1	2	2
406	충북 진천군	1	봉화하수처리장	700	1	3	2	15,906	3	2	1	3	3	1	1	2	1	2	2
407	충북 진천군	2	슬러지처리시설	20	1	3	9	1,041,465	1	2	1	3	8	1	1	2	3	2	5
408	충북 진천군	4	분뇨처리시설	60	1	3	4	564,463	1	2	4	5	8	1	1	2	3	2	5
409	충북 괴산군	1	음성광역하수처리장	7,000	1	3	49		1	2	4	5	8	1	1	2	3	2	5
410	충북 괴산군	1	금왕공공하수처리시설	10,000	1	3	49		1	2	4	5	8	1	1	2	3	2	5
411	충북 괴산군	1	대소공공하수처리시설	6,000	1	3	49		1	2	4	5	8	1	1	2	3	2	5
412	충북 괴산군	1	생극공공하수처리시설	1,000	1	3	49	4,847,661	1	2	4	5	8	1	1	2	3	2	5
413	충북 괴산군	4	원남공공하수처리시설	40	1	3	49		3	2	4	5	8	1	1	2	3	2	5
414	충북 괴산군	4	음성분뇨처리시설	30	1	3	49		3	2	4	2	8	1	1	2	3	2	5
415	충북 괴산군	2	음성슬러지처리시설	40	1	3	49		3	2	4	5	1	1	1	1	4	2	5
416	충북 괴산군	1	충북신신도시 수질복원센터시설	15,200	1	1	13	2,033,706	1	2	1	5	1	1	1	2	4	2	5
417	충북 괴산군	1,4	단양공공하수처리장	7,000	1	3	30	4,713,800	1	2	3	5	1	1	1	2	3	4	5
418	충남 천안시	1	수풍	35,000	1	3	50		3	2	3	5	1	1	1	2	3	4	5
419	충남 천안시	4	슬러지 자원화시설	80	1	3	50		3	2	3	5	1	1	1	2	3	4	5
420	충남 천안시	5	처리	40	1	3	50		3	2	3	5	1	1	1	2	3	4	5
421	충남 천안시	1	천안	4,500	1	3	50		3	2	3	5	1	1	1	2	3	4	5
422	충남 천안시	1	아산	400	1	3	50		3	2	3	5	1	1	1	2	3	4	5
423	충남 천안시	1	홍성	150	1	3	50		3	2	3	5	1	1	1	2	3	4	5
424	충남 천안시	1	진천	140	1	3	50		3	2	3	5	1	1	1	2	3	4	5
425	충남 천안시	1	용산	120	1	3	50		3	2	3	5	1	1	1	2	3	4	5
426	충남 천안시	1	응암	120	1	3	50		3	2	3	5	1	1	1	2	3	4	5
427	충남 천안시	1	광기성	120	1	3	50		3	2	3	5	1	1	1	2	3	4	5
428	충남 천안시	1	평촌	130	1	3	50		3	2	3	5	1	1	1	2	3	4	5
429	충남 천안시	1	미양	155	1	3	50		3	2	3	5	1	1	1	2	3	4	5

- 12 -

순번	공공하수도 종류 1.하수처리시설(소규모 제외) 2.슬러지건조시설 3.슬러지소각시설 4.분뇨처리시설 5.기타( )	시군구	시설명	시설용량 (ton/일)	하수도 재정비 방안 1.재보수 2.민간투자사업(BTO) 3.기타( ) 4.해당없음	시설 운영주체 1.직영 2.공사,공단 3.민간기업 4.기타 ·혼용시 병행 기입	운영인력 (업계) (명)	운영비용 (단위:천원/1년간) ·직영시 운영예산 기입	예산편성 비목 1.민간위탁금(307-05) 2.공기관등에 대한 경상적 위탁사업비(308-13) 3.민간위탁사업비(402-03) 4.직영 5.기타 (비예정 기입)	운영업선 선정 방법 1.지자체 자체 선정 2.전문 기관에 의뢰 3.기타 4.해당없음 ·직영시 미기입	계약방식 계약체결방법(경쟁형태) 1.통합운영 2.개별운영 3.지역운영 4.수의계약 5.법정위탁 6.기타( ) 7.해당없음	계약기간 1.1년 2.2년 3.3년 4.4년 5.5년 6.기타(1년) 7.해당없음	낙찰자선정방법(수의계약 시 해당없음) 1.기술가격분리입찰 2.적격심사 3.협상에의한계약 4.최저가기입찰 5.규격가격분리 6.2단계 경쟁입찰 7.기타( ) 8.해당없음	관리대행 성과평가 관련 성과평가 실시 여부 1.실시 2.미실시 3.향후 추진 4.해당없음	성과평가 주기 1.매년 2.격년 3.기타( ) 4.해당없음	성과평가 실시 방법 1.지자체 자체평가 2.상·하수도 협회 의뢰 3.기타( ) 4.해당없음	평가기준 적용방법 1.환경부 지침 적용 2.환경부 지침 +지역여건방영 3.전문 평가기관 의뢰 4.기타( ) 5.해당없음	평가결과 활용 실제 인센티브 페널티 적용 유무 1.매번 적용 2.적용 안함 3.기타( ) 4.해당없음	인센티브 및 페널티 적용근거 1.조례 2.계약서 3.지침 4.기타( ) 5.해당없음
430	1	경상남도	정암	110	1	3	50		3	2	1	5	1	1	1	2	3	4	5
431	1	경상남도	청암	80	1	3	50		3	2	1	5	1	1	1	2	3	4	5
432	1	경상남도	옥계	80	1	3	50	6,660,489	3	2	1	5	1	1	1	2	3	4	5
433	1	경상남도	유천	70	1	3	50		3	2	1	5	1	1	1	2	3	4	5
434	1	경상남도	신흥산청리	105	1	3	50		3	2	1	5	1	1	1	2	3	4	5
435	1	경상남도	원계	50	1	3	50		3	2	1	5	1	1	1	2	3	4	5
436	1	경상남도	용산	48	1	3	50		3	2	1	5	1	1	1	2	3	4	5
437	1	경상남도	갈전	30	1	3	50		3	2	1	5	1	1	1	2	3	4	5
438	1	경상남도	조동	35	1	3	50		3	2	1	5	1	1	1	2	3	4	5
439	1	경상남도	오비	30	1	3	50		3	2	1	5	1	1	1	2	3	4	5
440	1	경상남도	동복	48	1	3	50		3	2	1	5	1	1	1	2	3	4	5
441	1	경상남도	동수산	30	1	3	50		3	2	1	5	1	1	1	2	3	4	5
442	1	경상남도	척정	50	1	3	50		3	2	1	5	1	1	1	2	3	4	5
443	1	경상남도	점동	20	1	3	50		3	2	1	5	1	1	1	2	3	4	5
444	1	경상남도	정곡	48	1	3	50		3	2	1	5	1	1	1	2	3	4	5
445	1	경상남도	신원	40	1	3	50		3	2	1	5	1	1	1	2	3	4	5
446	1	경상남도	차황	30	1	3	50		3	2	1	5	1	1	1	2	3	4	5
447	1	경상남도	양구(통영)	1,100	1	3	3	160,404	3	2	4	5	8	1	1	2	3	4	5
448	1	경상남도	동화(산청읍)	500	1	3	3		3	2	4	5	8	1	1	2	3	2	3
449	1	경상남도	양산하수처리장	40,000	1	3	27	5,209,548	3	2	2	5	1	1	1	2	3	2	3
450	1	경상남도	웅상하수처리장	5,000	1	3	7	886,461	3	2	2	5	1	1	1	2	3	2	3
451	1	경상남도	고대국제하수처리장	22,800	1	3	14	1,516,344	3	2	2	5	1	1	1	2	3	2	3
452	1	경상남도	송산하수처리장	5,000	1	3	7	969,181	3	2	2	5	1	1	1	2	3	2	3
453	1	경상남도	신평하수처리장	4,600	1	3	8	1,230,054	3	2	2	5	1	1	1	2	3	2	3
454	1	경상남도	중흥하수처리장	1,800	1	3	4	453,273	3	2	2	5	1	1	1	2	3	2	3
455	1	경상남도	순성하수처리장	700	1	3	2	231,363	3	2	2	5	1	1	1	2	3	2	3
456	1	경상남도	상교천하수처리장	700	1	3	2	283,823	3	2	2	5	1	1	1	2	3	2	3
457	1	경상남도	난지생하수처리장	600	1	3	0.5	50,171	3	2	2	5	1	1	1	2	3	2	3
458	1	경상남도	예덕대율하수처리장	440	1	3	0.33	66,958	3	2	2	5	1	1	1	2	3	2	3
459	1	경상남도	화사손하수처리장	340	1	3	0.31	52,864	3	2	2	5	1	1	1	2	3	2	3
460	1	경상남도	안전하수처리장	220	1	3	0.33	41,278	3	2	2	5	1	1	1	2	3	2	3
461	1	경상남도	정마하수처리장	100	1	3	0.24	24,848	3	2	2	5	1	1	1	2	3	2	3
462	1	경상남도	대호지하수처리장	70	1	3	0.4	363,153	3	2	2	5	1	1	1	2	3	2	3
463	1	경상남도	독일마을하수처리장	30	1	3	0.4	16,877	3	2	2	5	1	1	1	2	3	2	3
464	4	경상남도	양전분뇨처리장	85	1	3	2	191,767	3	2	2	5	1	1	1	2	3	2	3
465	5	경상남도	배수펌프장	350	1	3	0.5	48,459	3	2	1	3	7	1	1	2	1	1	4

순번	시군구	공공하수도 종류 1.하수처리시설(소규모 제외) 2.분뇨처리조시설 3.슬러지처리시설 4.토목처리시설 5.기타( )	시설명	시설용량 (ton/일)	하수도 재활용의 방안 1.재활용사업 2.민간투자사업(BTO) 3.기타 4.해당없음	시설 운영주체 1.직영 2.공사,공단 3.민간기업 4.기타 *운영시 총족 기입	운영인력 합계(명)	운영비용 (단위:천원/1년간) *직영시 운영예산 기입	예산편성 비목 1.민간위탁금(307-05) 2.공기관등에 대한 경상적 위탁사업비(308-13) 3.민간위탁사업비(402-03) 4.자체 5.기타(비목 기입)	운영예산 산정 방법 1.지자체 자체 산정 2.전문 기관 의뢰 3.기타( ) 4.해당없음 5.직영시 미기입	계약 계약체결방법(경쟁형태) 1.통합경쟁 2.제한경쟁 3.지명경쟁 4.수의계약 5.법정독점 6.기타( ) 7.해당없음	계약 계약기간 1.1년 2.2년 3.3년 4.4년 5.5년 6.기타(1년) 7.해당없음	계약 낙찰자결정방법 (수의계약 시 해당없음) 1.기술가격분리입찰 2.적격심사 3.협상에의한계약 4.최저가입찰 5.규격가격입찰 6.2단계 경쟁입찰 7.기타( ) 8.해당없음	관리대행 성과평가 관련 성과평가 실시 여부 1.실시 2.미실시 3.향후 추진 4.해당없음	관리대행 성과평가 관련 성과평가 주기 1.매년 2.격년 3.기타( ) 4.해당없음	관리대행 성과평가 관련 성과평가 실시 방법 1.지자체 자체평가 2.상·하수도 협회 의뢰 3.기타( ) 4.해당없음	평가기준 적용방법 1.환경부 지침 2.환경부 지침+지역여건반영 3.전문 평가기관 의뢰 4.기타( ) 5.해당없음	평가결과 적용 실적 인센티브 및 페널티 적용 유무 1.매번 적용 2.적용 양호 3.기타( ) 4.해당없음	평가결과 적용 인센티브 및 페널티 적용방법 1.포상 2.계약서 3.지침 4.기타( ) 5.해당없음
466	경상남도	1	계룡공공하수처리시설	27,000	1	3	30	3,457,060	1		7	7	7	4	4	4	5	4	5
467	경상남도	4	계룡분뇨처리시설	50	1	3	30		5	2	1	2	3	1	1	1	2	3	2
468	경상남도	1	주주공공하수처리시설	2,400	1	3	42	5,670,245	1	2	1	5	2	1	1	1	2	1	2
469	경상남도	1	부여	11,000	1	3	30	2,493,300	1	2	1	5	2	1	1	1	2	1	2
470	경상남도	1	백제문화단지	3,800	1	3	5	559,300	1	2	1	5	2	1	1	1	2	1	2
471	경상남도	1	규암	1,600	1	3	5	466,000	1	2	1	5	2	1	1	1	2	1	2
472	경상남도	1	홍산	1,000	1	3	3	268,000	1	2	1	5	2	1	1	1	2	1	2
473	경상남도	1	석성	400	1	3	0	22,000	1	2	1	5	2	1	1	1	2	1	2
474	경상남도	1	외산	400	1	3	0	22,000	1	2	1	5	2	1	1	1	2	1	2
475	경상남도	1	은산	350	1	3	0	22,000	1	2	1	5	2	1	1	1	2	1	2
476	경상남도	1	청포 귀덕	300	1	3	0	22,000	1	2	1	5	2	1	1	1	2	1	2
477	경상남도	1	장암	270	1	3	0	22,000	1	2	1	5	2	1	1	1	2	1	2
478	경상남도	1	내야	260	1	3	0	22,000	1	2	1	5	2	1	1	1	2	1	2
479	경상남도	1	세도	250	1	3	0	22,000	1	2	1	5	2	1	1	1	2	1	2
480	경상남도	1	구룡	220	1	3	0	22,000	1	2	1	5	2	1	1	1	2	1	2
481	경상남도	1	초촌	210	1	3	0	22,000	1	2	1	5	2	1	1	1	2	1	2
482	경상남도	1	공덕	200	1	3	0	32,000	1	2	1	5	2	1	1	1	2	1	2
483	경상남도	1	판교	170	1	3	0	22,000	1	2	1	5	2	1	1	1	2	1	2
484	경상남도	1	도포지구	150	1	3	0	22,000	1	2	1	5	2	1	1	1	2	1	2
485	경상남도	1	석동	136	1	3	0	22,000	1	2	1	5	2	1	1	1	2	1	2
486	경상남도	1	신안지구	97	1	3	0	22,000	1	2	1	5	2	1	1	1	2	1	2
487	경상남도	1	중화	85	1	3	0	22,000	1	2	1	5	2	1	1	1	2	1	2
488	경상남도	1	용동	80	1	3	0	22,000	1	2	1	5	2	1	1	1	2	1	2
489	경상남도	1	반교지구	68	1	3	0	22,000	1	2	1	5	2	1	1	1	2	1	2
490	경상남도	1	창평지구	68	1	3	0	22,000	1	2	1	5	2	1	1	1	2	1	2
491	경상남도	1	만포지구	66	1	3	0	22,000	1	2	1	5	2	1	1	1	2	1	2
492	경상남도	1	포포지구	60	1	3	0	22,000	1	2	1	5	2	1	1	1	2	1	2
493	경상남도	1	수양지구	60	1	3	0	22,000	1	2	1	5	2	1	1	1	2	1	2
494	경상남도	1	거전지구	46	1	3	0	22,000	1	2	1	5	2	1	1	1	2	1	2
495	경상남도	1	상송지구	40	1	3	0	22,000	1	2	1	5	2	1	1	1	2	1	2
496	경상남도	1	만교지구	40	1	3	0	22,000	1	2	1	5	2	1	1	1	2	1	2
497	경상남도	1	검자지구	40	1	3	0	22,000	1	2	1	5	2	1	1	1	2	1	2
498	경상남도	1	운정지구	32	1	3	0	22,000	1	2	1	5	2	1	1	1	2	1	2
499	경상남도	1	사만지구	30	1	3	0	22,000	1	2	1	5	2	1	1	1	2	1	2
500	경상남도	1	지나지구	30	1	3	0	22,000	1	2	1	5	2	1	1	1	2	1	2
501	경상남도	1	지리지구	30	1	3	0	22,000	1	2	1	5	2	1	1	1	2	1	2

순번	시군구	공공하수도 종류 1.하수처리시설 (소규모 포함) 2.슬러지처리시설 3.슬러지준수시설 4.분뇨처리시설 5.기타( )	시설명	시설용량 (ton/일)	하수도 재정비인 방안 1.재정사업 2.민간투자사업(BTO) 3.기타( ) 4.해당없음	시설 운영주체 1.직영 2.공사,공단 3.민간기업 4.기타 ※운영시 주체 기입	운영인력 합계 (명)	운영비용 (단위:천원/1년간) ※직영시 운영예산 기입	예산편성 비목 1.민간위탁금(307-05) 2.공기관등에 대한 경상적 위탁사업비(308-13) 3.민간위탁사업비(402-03) 4.직영 5.기타(비목명 기입)	운영예산 산정 방법 1.지자체 자체 산정 2.전문 기관에 의뢰 3.기타( ) 4.해당없음 ※직영시 미가입	계약체결방법 (경쟁형태) 1.일반경쟁 2.제한경쟁 3.지명경쟁 4.수의계약 5.법정예탁 6.기타( ) 7.해당없음	계약기간 1.1년 2.2년 3.3년 4.4년 5.5년 6.기타(1년) 7.해당없음	낙찰자선정방법 (수의계약 시 해당없음) 1.기술능력평가입찰 2.적격심사 3.협상에의한계약 4.최저가낙찰제 5.규격가격분리 6.간이경쟁입찰 7.기타( ) 8.해당없음	성과평가 실시 여부 1.실시 2.미실시 3.향후 추진 4.해당없음	성과평가 주기 1.매년 2.격년 3.기타( ) 4.해당없음	성과평가 실시 방법 1.지자체 자체평가 2.상 하수도 협회 의뢰 3.기타( ) 4.해당없음	평가기준 적용방법 1.환경부 지침 적용 2.환경부 지침 + 자체기준반영 3.전문 평가기관 의뢰 4.기타( ) 5.해당없음	실제 인센티브 적용 유무 1.매년 적용 2.적용 안함 3.기타( ) 4.해당없음	인센티브 및 페널티 적용근거 1.조례 2.계약서 3.지침 4.기타( ) 5.해당없음
502	전북 남원시	1	외곡지구	23	1	3	0	22,000		2	1	5	2	1	1	1		1	2
503	전북 남원시	1	아동울지구	20	1	3	0	22,000		2	1	5	2	1	1	1		1	2
504	전북 남원시	1	이동2	20	1	3	0	22,000		2	1	5	2	1	1	1		1	2
505	전북 남원시	1	이동지구	20	1	3	0	22,000		2	1	5	2	1	1	1		1	2
506	전북 남원시	1	대양마	12	1	3	0	22,000		2	1	5	2	1	1	1		1	2
507	전북 남원시	1	아동울지구	12	1	3	0	22,000		2	1	5	2	1	1	1		1	2
508	전북 남원시	1	아동지구	8	1	3	0	22,000		2	6	6	3	1	1	1		4	4
509	전북 남원시	1	운봉하수처리장	5,200	2	2	12	1,270,091		3	5	6	7	2	2	2		2	5
510	전북 남원시	1	서면하수처리장	5,000	2	3	7	2,882,990	1	2	1	3	5					4	5
511	전북 남원시	1	운봉청동 공공하수처리시설	3,100	1	3	6	1,596,276		2	4	3	5					4	5
512	전북 남원시	1	강기주독 공공하수처리시설	1,100	1	3	1	1,596,276		2	4	3	8	1	1	1	1	1	2
513	전북 남원시	1	운봉하수처리장	3,800	1	3	28	2,940,545		2	4	3	8	1	1	1		1	2
514	전북 남원시	1	운봉하수처리장	800	1	3	28			2	6	5	8	1	1	1		1	2
515	전북 남원시	4	붕노처리장	20	1	3	5	1,055,512		2	6	5	8	2	2	1		2	5
516	전북 남원시	1	동성하수처리장	23,000	1	3	22	2,855,149	3	2	6	3	8	1	1	1		2	5
517	전북 남원시	1	운천하수처리장	5,000	1	3	7	725,766	3	2	2	3	3	1	1	1		2	3
518	전북 남원시	4	운천노처리장	40	1	3	1	80,327	3	2	2	3	3	1	1	1		1	3
519	전북 남원시	1	산광공공하수처리시설	22,000	1	3	47		1	2	2	3	3	1	1	1		1	3
520	전북 남원시	1	선교공공하수처리시설	2,000	1	3	47	4,755,500	1	2	2	3	3	1	1	1		1	3
521	전북 남원시	1	산길공공하수처리시설	12,000	2	3	47		1	3	2	3	3	1	1	1		1	3
522	전북 남원시	1	선봉수 공공하수처리시설	1,360	1	3	47		1	4	2	3	3	1	1	1		1	3
523	전북 남원시	1	대포공공하수처리시설	22,000	2	3	14	2,788,965	3	3	4	3	8	1	1	1		1	3
524	전북 남원시	4	운동뇨처리시설	65	1	3	8	902,017	1	2	2	5	2	1	1	1		2	5
525	전북 전주시	1	전주하수처리장	11,000	1	3	68	7,564,983	5	2	2	5	1	1	1	1		2	5
526	전북 전주시	1	태양하수처리장	403,000	1	3	61	21,631,060	1	3	2	6	3	2	4	4	5	4	5
527	전북 전주시	1	전주 공공하수도시 수질복원센터	16,500	1	3	20	2,100,294	1	2	2	6	1	1	3	2		2	5
528	전북 전주시	3	하수슬러지자원화시설	150	2	3	12	5,449,616	1	3	2	6	1	1	3	2		2	5
529	전북 군산시	1	군산공공하수처리장	200,000	1	3	57	7,809,963	3	4	6	6	8	1	3	2		4	4
530	전북 군산시	1	익산하수하수처리장	30,000	2	3	14	1,724,826	3	3	6	6	7	1	3	2		5	5
531	전북 정읍시	1	정읍공공하수처리장	58,600	2	3	16	5,199,367	3	2	6	6	7	1	3	4		4	5
532	전북 정읍시	1	사회공공하수처리시설	2,600	2	3	3	423,892	1	1	6	6	2	1	2	2		1	2
533	전북 정읍시	1	태양서노처리시설	50,000	1	3			1	2	6	6	2	1	1	1		1	2
534	전북 정읍시	4	남평서노처리시설	50	1	3	17	2,461,679	1	1	6	2	2	1	1	1		1	2
535	전북 완주시	5	광사용공공처리시설	20	1	3			1	1	5	2	2	1	1	1		1	2
536	전북 완주시	1	인봉사공공하수처리시설	1,000	1	3	16	1,960,157	1	1	3	3	2	1	1	1		1	2
537	전북 완주시	1	운봉공공하수처리시설	800	1	3	16			2	1	3	2	1	1	1		1	2

- 15 -

순번	시군구	공공하수도 종류 1.하수처리시설(소규모 제외) 2.슬러지건조시설 3.소화가스시설 4.분뇨처리시설 5.기타( )	시설명	시설용량 (ton/일)	하수도 재정비원 방안 1.재정사업 2.민간투자사업(BTO) 3.기타( ) 4.해당없음	시설 운영주체 1.직영 2.공사, 공단 3.민간기업 4.기타 5.운영시 주체 기업	운영인력 합계 (명)	운영비용 (단위:천원 /1년간) *직영시 운영예산 기입	예산반영 내역 1.민간위탁(307-05) 2.공기관등에 대한 경상적 위탁사업(308-13) 3.민간위탁사업(402-03) 4.직영 5.기타 (비해당 기입)	운영업자 선정방법 1.지자체 자체 선정 2.전문 기관에 의뢰 3.기타( ) 4.해당없음 *직영시 미기입	계약체결방법 (경쟁체결) 1.일반경쟁 2.제한경쟁 3.지명경쟁 4.수의계약 5.발주제 6.기타( ) 7.해당없음	계약기간 1.1년 2.2년 3.3년 4.4년 5.5년 6.기타( )년 7.해당없음	낙찰자선정방법 (수의계약시 해당없음) 1.기술가치포괄입찰 2.적격심사 3.협상에의한계약 4.최저가낙찰제 5.규격가낙찰제 6.2단계 경쟁입찰 7.기타( ) 8.해당없음	성과평가 실시 여부 1.실시 2.미실시 3.향후 추진 4.해당없음	성과평가 주기 1.매년 2.격년 3.기타( ) 4.해당없음	성과평가 실시 방법 1.지자체 자체평가 2.상하수도 협회 의뢰 3.기타( ) 4.해당없음	평가기준 적용방법 1.환경부 지침 적용 2.환경부 지침 + 지역여건반영 3.전문 평가기관 의뢰 4.기타( ) 5.해당없음	실제 인센티브 및 패널티 적용 유무 1.패널 적용 2.적용 안함 3.기타( ) 4.해당없음	인센티브 및 패널티 적용근거 1.조례 2.계약서 3.지침 4.기타( ) 5.해당없음
538	전북 남원시	2	남원하수슬러지처리시설	30	1	3	10	1,873,424	1	3	6	6	7	1	3	1	1	3	3
539	전북 완주군	1	삼례수처리장	32,000	2	3	21	5,615,633	3	3	6	6	7	1	3	1	1	3	3
540	전북 완주군	1	소양수처리장	800	2	3	5	140,369	3	3	6	6	7	1	3	1	1	3	3
541	전북 완주군	1	구이하수처리장	1,700	2	3	4	298,328	3	3	6	6	7	1	3	1	1	3	3
542	전북 완주군	1	고산하수처리장	1,700	2	3	2	245,640	3	3	6	6	7	1	3	1	1	3	1
543	전북 완주군	5	완주군 하수관거정비 임대형 민자사업	-	2	3	4	963,842	1	2	1	4	3	1	3	1	2	1	2
544	전북 완주군	2	완주군 슬러지환원처리시설	35	1	3	11	2,538,030	1	1	1	5	7	1	3	1	3	1	2
545	전북 진안군	1	진안수처리장	3,000	1	3	32	1,271,252	3	2	6	5	7	1	3	2	3	1	4
546	전북 진안군	1	마령하수처리장	600	1	3	32	169,495	3	2	6	5	7	1	3	2	3	1	4
547	전북 무주군	1	무주하수처리장 외 33개소	3,000	1	3	39	23,906,330	3	2	2	5	3	1	3	2	3	1	4
548	전북 무주군	4	무주분뇨	20	1	3	39		3	2	2	5	3	1	3	2	3	1	4
549	전북 장수군	1	장수공공하수처리시설	2,800	1	3	26	1,350,000	1	2	2	5	3	1	3	2	3	1	4
550	전북 장수군	1	천천공공하수처리시설	3,200	1	3	26	1,756,000	1	2	2	5	3	1	3	2	3	1	4
551	전북 장수군	1	산서공공하수처리시설	800	1	3	26	20,000	1	2	2	5	3	1	3	2	3	1	4
552	전북 장수군	1	번암공공하수처리시설	500	1	3	26	156,000	1	2	2	5	3	1	3	2	3	1	4
553	전북 장수군	1	천천공공하수처리시설	500	1	3	26	524,000	1	2	2	5	3	1	3	2	3	1	4
554	전북 순창군	1	순창공공하수처리시설	5,100	1	3	24	4,563,200	1	2	1	6	1	1	4	1	1	2	5
555	전북 고창군	1	고창공공하수처리시설	16,000	1	3	48		1	2	1	5	1	1	4	1	1	2	5
556	전북 고창군	1	흥덕하수인공습지처리시설	1,400	1	3	48		1	2	1	5	1	1	4	1	1	2	5
557	전북 고창군	1	아산공공하수처리시설	750	1	3	48	33,248,902	1	2	1	5.	1	1	4	1	1	2	5
558	전북 고창군	1	대산공공하수처리시설	700	1	3	48		1	2	1	5	1	1	4	1	1	2	5
559	전북 고창군	1	심원공공하수처리시설	500	1	3	48		1	4	7	7	8	4	4	4	5	4	5
560	전북 고창군	4	고창군 분뇨처리시설	65	1	1	2	704,356	4	1	1	20	3	1	4	2	1	4	5
561	전북 부안군	1	부안공공하수처리시설	12,000	1	3	21	3,406,600	3	1	1	20	3	1	4	2	1	4	5
562	전북 부안군	1	계화공공하수처리시설	1,500	1	3	9		3	1	1	5	3	1	4	2	1	4	5
563	전북 부안군	1	곰소공공하수처리시설	3,300	1	3	12		3	1	1	5	3	1	4	2	1	4	5
564	전북 부안군	1	줄포공공하수처리시설	1,600	1	3	16	6,304,000	3	1	1	5	3	1	4	2	1	4	5
565	전북 부안군	1	지서공공하수처리시설	1,400	1	3	16		3	1	1	5	3	1	4	2	1	4	5
566	전북 부안군	1	진서공공하수처리시설	700	1	3	6		3	1	1	5	3	1	4	2	1	4	5
567	전북 부안군	1	백산공공하수처리시설	600	1	3	10		3	1	1	5	3	1	4	2	1	4	5
568	전북 부안군	1	동진공공하수처리시설	550	1	3	10		3	1	1	5	3	1	4	2	1	4	5
569	전북 부안군	1	하서공공하수처리시설	500	1	3	1		3	1	1	5	3	1	4	2	1	4	5
570	전북 부안군	5	소규모공공하수처리시설	3,618	1	3	9	1,896,000	3	1	1	5	3	1	4	2	1	4	5
571	전북 부안군	2	부안하수슬러지건조시설	20	1	3	9		3	2	1	5	3	3	1	1	1	1	3
572	전북 여수시	1	여수공공하수처리시설	110,000	1	3	52	5,124,500	1	2	1	5	3	1	1	1	1	1	2
573	전북 순천시	1	순천수처리장	130,000	1	3	57		3	1	1	5	3	1	1	1	1	1	2

- 16 -

순번	시군구	공공하수도 종류 1. 하수처리시설 (소규모 제외) 2. 슬러지건조시설 3. 슬러지소각시설 4. 분뇨처리시설 5. 기타( )	시설명	시설용량 (ton/일)	하수도 재원마련 방안 1. 재정사업 2. 민간투자사업(BTO) 3. 기타( ) 4. 해당없음	시설 운영주체 1. 직영 2. 공사, 공단 3. 민간기업 4. 기타 • 운영사 중복 기입	운영인력 합계 (명)	운영비용 (단위:천원 /1년간) • 직영시 운영예산 기입	예산편성 비목 1. 인건비학급 (307-05) 2. 공기관등에 대한 경상적 위탁사업비 (308-13) 3. 민간위탁사업비(402-03) 4. 자영 5. 기타 (예산편 기입)	운영업산 선정 방법 1. 지자체 자체 선정 2. 전문 기관에 의뢰 3. 기타( ) 4. 해당없음 • 직영시 미기입	계약체결방법 (경쟁형태) 1. 일반경쟁 2. 제한경쟁 3. 지명경쟁 4. 수의계약 5. 발주위탁 6. 기타 7. 해당없음	계약기간 1. 1년 2. 2년 3. 3년 4. 4년 5. 5년 6. 기타(년) 7. 해당없음	낙찰자선정방법 (수의계약 시 해당없음) 1. 기술가격분리입찰 2. 적격심사 3. 협상에의한계약 4. 최저가낙찰제 5. 규격가격분리 6. 2단계 경쟁입찰 7. 기타( ) 8. 해당없음	성과평가 실시 여부 1. 실시 2. 미실시 3. 향후 추진 4. 해당없음	성과평가 주기 1. 매년 2. 격년 3. 기타( ) 4. 해당없음	성과평가 실시 방법 1. 지자체 자체평가 2. 상-하수도 협회 의뢰 3. 기타( ) 4. 해당없음	평가기준 적용방법 1. 환경부 지침 적용 2. 환경부 지침 -지역여건반영 3. 전문 평가기관 의뢰 4. 기타( ) 5. 해당없음	실제 인센티브 및 패널티 적용 유무 1. 매번 적용 2. 적용 안함 3. 기타 ( ) 4. 해당없음	인센티브 및 패널티 적용근거 1. 조례 2. 계약서 3. 기타 4. 기타 ( ) 5. 해당없음
574	전남 순천시	1	순천하수처리장	2,500	1	3	57		3	2	1	5	3	1	1	1	1	1	2
575	전남 순천시	1	신평하수처리장	800	1	3	57		3	2	1	5	3	1	1	1	1	1	2
576	전남 순천시	1	송광하수처리장	700	1	3	57	6,912,333	3	2	1	5	3	1	1	1	1	1	2
577	전남 순천시	1	주암하수처리장	600	1	3	57		3	2	1	5	3	1	1	1	1	1	2
578	전남 순천시	1	낙안하수처리장	1,200	1	3	57		3	2	1	5	3	1	1	1	1	1	2
579	전남 순천시	1	황전하수처리장	1,500	1	3	57		3	2	1	5	3	1	1	1	1	1	2
580	전남 순천시	2	슬러지자원화시설	60	1	3	11	2,595,872	1	2	4	5	3	1	2	1	1	4	4
581	전남 나주시	1	나주하수처리장	22,500	1	3	8	844,675	1	2	4	5	3	1	2	1	1	4	4
582	전남 나주시	1	산포하수처리장	5,800	1	3	0	53,518	1	2	4	5	3	1	2	1	1	4	4
583	전남 나주시	1	금산하수처리장	500	1	3	13	2,684,674	1	2	4	5	3	1	2	1	1	4	4
584	전남 나주시	1	빛가람수질복원센터	19,000	1	3	2	323,381	4	4	7	7	8	4	4	4	5	4	5
585	전남 나주시	4	나주분뇨처리장	100	1	3	15	13,160,175	4	4	7	7	8	4	4	4	5	4	5
586	전남 광양시	1	중앙하수처리장	25,000	1	1	9	2,782,860	4	2	6	3	8	4	4	2	2	2	2
587	전남 광양시	1	옥곡	12,000	1	3	6	683,938	1	2	6	3	8	1	1	1	1	2	2
588	전남 광양시	1	대인	1,800	1	3	1	683,938	4	4	7	7	8	4	4	4	5	4	5
589	전남 광양시	1	봉강	700	1	1	1	84,240	4	4	7	7	8	4	4	4	5	4	5
590	전남 광양시	4	광양 분뇨처리장	50	1	3	8	796,000	4	3	6	6	7	3	3	2	5	4	5
591	전남 광양시	1	광영하수처리장	4,500	1	3	11	1,037,038	3	2	6	6	7	3	3	2	5	4	5
592	전남 광양시	1	옥곡하수처리시설	2,000	2	1	11	362,362	4	2	6	1	1	4	4	4	5	4	5
593	전남 광양시	1	덕례하수처리시설	700	1	3	2	335,650	3	2	7	5	1	4	4	4	5	4	5
594	전남 광양시	1	인덕하수처리시설	600	1	3	7	1,389,508	4	2	6	5	7	4	4	4	5	4	5
595	전남 광양시	4	분뇨처리시설	30	1	3	31	112,355	1	1	5	6	1	2	3	2	3	2	5
596	전남 광양시	1,4	보성 공공하수처리장 등 52개소,분뇨	10,644	1	3	19	3,496,000	1	4	4	5	8	2	3	2	3	2	5
597	전남 구례군	1	지리산권 공공하수처리시설	19,000	2	3	20	441,952	1	2	4	5	8	4	4	2	3	4	4
598	전남 고흥군	1	고흥 공공하수처리장	6,000	1	3	10	815,000	1	2	2	3	1	1	3	3	1	4	4
599	전남 고흥군	1	도양 공공하수처리장	4,000	1	3	8	498,000	4	2	7	7	8	4	4	3	5	4	5
600	전남 고흥군	4	고흥군 분뇨처리장	95	1	3	3	877,568	4	2	2	3	1	4	4	4	3	4	4
601	전남 고흥군	1	용양면 공공하수처리장	700	1	3	7	724,886	1	5	6	5	1	1	3	3	3	4	5
602	전남 보성군	1	보성 공공하수처리장 등 5,2개소,분뇨	800	1	3	9	3,996,784	1	4	4	6	8	2	3	2	3	2	2
603	전남 보성군	2	슬러지처리시설	21	1	3	9		1	2	4	5	8	1	1	1	1	2	2
604	전남 화순군	1	화순읍공공하수처리시설	4,400	2	3	9		3	2	6	5	7	1	3	1	1	3	2,3
605	전남 화순군	1	장흥	600	2	3	9		3	2	6	5	7	1	3	1	1	3	2,3
606	전남 화순군	1	능산	800	2	3	9		3	2	6	5	7	1	3	1	1	3	2,3
607	전남 화순군	1	대덕	600	2	3	9		3	1	1	5	7	1	1	1	1	4	5

순번	시군구	공공하수도 종류 1.하수처리시설(소규모,제외) 2.슬러지건조시설 3.슬러지소각시설 4.분뇨처리시설 5.기타( )	시설명	시설용량 (ton/일)	하수도 재활용된 방안 1.재정사업 2.민간투자사업(BTO) 3.기타( ) 4.해당없음	시설 운영주체 1.직영 2.공사,공단 3.민간기업 4.기타 •운용사 중복 기입	운영인력 합계(명)	운영비용 단위:천원/1년간 •직영시 운영예산 기입	예산편성 내역 1.민간위탁금(307-05) 2.공기관에 대한 경상적 위탁사업비(308-13) 3.민간위탁사업비(402-03) 4.직영 5.기타 (비해당 기입)	운영사 선정 방법 1.지자체 자체 선정 2.전문 기관에 의뢰 3.기타( ) 4.해당없음 •직영시 미기입	계약체결방법(경쟁형태) 1.일반경쟁 2.제한경쟁 3.지명경쟁 4.수의계약 5.입찰방식 6.기타( ) 7.해당없음	계약기간 1.1년 2.2년 3.3년 4.4년 5.5년 6.기타( )년 7.해당없음	낙찰자선정방법(수의계약시 해당없음) 1.기술가격분리입찰 2.적격심사 3.협상에의한계약 4.최저가낙찰제 5.규격가격분리 6.2단계 경쟁입찰 7.기타( ) 8.해당없음	성과평가 실시 여부 1.실시 2.미실시 3.향후 추진 4.해당없음	성과평가 주기 1.매년 2.격년 3.기타( ) 4.해당없음	성과평가 실시 방법 1.지자체 자체평가 2.상하수도 협회 의뢰 3.기타( ) 4.해당없음	평가기준 적용방법 1.환경부 지침 적용 2.중앙부 지침 지원 -지역여건반영 3.전문 평가기관 의뢰 4.기타( ) 5.해당없음	실제 인센티브 페널티 적용 유무 1.매년 적용 2.격년 적용 3.기타( ) 4.해당없음	인센티브 및 페널티 적용근거 1.조례 2.계약서 3.지침 4.기타( ) 5.해당없음
610	경남	5	신용	180	1	3	2	320,540	3	1	1	5	1	1	1	1	1	4	5
611	경남	5	성터	60	1	3	2		3	1	1	5	1	1	1	1	1	4	5
612	경남	5	월암	80	1	3	2		3	1	1	5	1	1	1	1	1	4	5
613	경남	5	대현	30	1	3	2		3	1	1	5	1	1	1	1	1	4	5
614	경남	5	봉곡	60	1	3	2		3	1	1	5	1	1	1	1	1	4	5
615	경남	5	관동	50	1	3	2		3	1	1	3	1	3	1	1	1	4	5
616	경남	5	장두	20	1	3	2		3	1	1	3	1	3	1	1	1	4	5
617	경남	5	덕계	70	1	3	2		3	1	1	3	1	3	1	1	1	4	5
618	경남	5	신서	60	1	3	2		3	1	1	3	1	3	1	1	1	4	5
619	경남	5	동두	65	1	3	2		3	1	1	3	1	3	1	1	1	4	5
620	경남	5	신등1	60	1	3	2		3	1	1	3	1	3	1	1	1	4	5
621	경남	5	신등2	50	1	3	2		3	1	1	3	1	3	1	1	1	4	5
622	경남	5	송현	60	1	3	2		3	1	1	3	1	3	1	1	1	4	5
623	경남	5	우산	80	1	3	2		3	1	1	3	1	3	1	1	1	4	5
624	경남	5	수동	50	1	3	2		3	1	1	3	1	3	1	1	1	4	5
625	경남	5	동사	90	1	3	2		3	1	1	3	1	3	1	1	1	4	5
626	경남	5	대촌	30	1	3	2		3	1	1	3	1	3	1	1	1	4	5
627	경남	5	용임	60	1	3	2		3	1	1	3	1	3	1	1	1	4	5
628	경남	5	신리	70	1	3	2		3	1	1	3	1	3	1	1	1	4	5
629	경남	5	내서	25	1	3	2		3	1	1	3	1	3	1	1	1	4	5
630	경남	5	민안	45	1	3	2		3	1	1	3	1	3	1	1	1	4	5
631	경남	5	상법1	30	1	3	2	523,000	3	1	1	3	1	3	1	1	1	4	5
632	경남	5	상법2	25	1	3	2		3	1	1	3	1	3	1	1	1	4	5
633	경남	5	용이	40	1	3	2		3	1	1	3	1	3	1	1	1	4	5
634	경남	5	사촌	50	1	3	2		3	1	1	3	1	3	1	1	1	4	5
635	경남	5	수동	140	1	3	2		3	1	1	3	1	3	1	1	1	4	5
636	경남	5	교동	30	1	3	2		3	1	1	3	1	3	1	1	1	4	5
637	경남	5	율산	40	1	3	2		3	1	1	3	1	3	1	1	1	4	5
638	경남	5	용미	45	1	3	2		3	1	1	3	1	3	1	1	1	4	5
639	경남	5	지전	40	1	3	2		3	1	1	3	1	3	1	1	1	4	5
640	경남	5	영창	50	1	3	2		3	1	1	3	1	3	1	1	1	4	5
641	경남	5	수하	40	1	3	2		3	1	1	3	1	3	1	1	1	4	5
642	경남	5	안양	270	1	3	2		3	1	1	3	1	3	1	1	1	4	5
643	경남	5	신촌	32	1	3	2		3	1	1	3	1	3	1	1	1	4	5
644	경남	5	정평	210	1	3	2		3	1	1	3	1	3	1	1	1	4	5
645	경남	5	유림	165	1	3	2		3	1	1	3	1	3	1	1	1	4	5

- 18 -

순번	시군구	공공하수도 종류 1.하수처리시설(소규모 제외) 2.슬러지건조시설 3.슬러지소각시설 4.분뇨처리시설 5.기타( )	시설명	시설용량 (ton/일)	하수도 재원마련 방안 1.재정사업 2.민간투자사업(BTO) 3.기타( ) 4.해당없음	시설 운영주체 1.직영 2.공사, 공단 3.민간기업 4.기타 *운영사 중복 기입	운영인원 합계(명)	운영비용 (단위:천원/1년간) *직영시 운영예산 기입	예산편성 비목 1.민간위탁금(307-05) 2.공기관등에 대한 경상적 위탁사업비(308-13) 3.민간행사사업비(402-03) 4.기타(세부명 기입)	운영자 선정 방법 1.지자체 자체 선정 2.전문 기관에 의뢰 3.기타 4.해당없음 *직영시 미기입	계약체결방식 (경쟁형태) 1.일반경쟁 2.제한경쟁 3.지명경쟁 4.수의계약 5.발주확대 6.기타( ) 7.해당없음	계약기간 1.1년 2.2년 3.3년 4.4년 5.5년 6.기타( )년 7.해당없음	낙찰자선정방법 (수의계약 시 해당없음) 1.기술가격분리입찰 2.적격심사 3.협상에의한계약 4.최저가낙찰제 5.규격가낙찰 6.2단계 경쟁입찰 7.기타( ) 8.해당없음	성과평가 실시 여부 1.실시 2.미실시 3.향후 추진 4.해당없음	성과평가 주기 1.매년 2.격년 3.기타( ) 4.해당없음	성과평가 실시 방법 1.지자체 자체평가 2.상하수도 협회 의뢰 3.기타 4.해당없음	평가기준 적용방법 1.환경부 지침 적용 2.협회 보도 지침 3.전문 평가기관 의뢰 4.기타( ) 5.해당없음	실제 인센티브 및 패널티 적용 유무 1.해당 적용 2.적용 안함 3.기타( ) 4.해당없음	인센티브 패널티 적용근거 1.조례 2.계약서 3.지침 4.기타( ) 5.해당없음
646	진천군	5	노원	40	1	3	2		3	1	1	3	3	3	1	1	1	4	5
647	진천군	5	대리	120	1	3	2		3	1	1	3	3	3	1	1	1	4	5
648	진천군	5	이월	80	1	3	2		3	4	7	7	8	4	4	4	5	4	5
649	진천군	4	진천군노인위생처리장	50	3	1	2	181,848	4	2	2	5	3	3	1	1	1	1	4
650	진천군	1	강진 공공하수처리장	8,000	1	3	19		1	2	2	5	3	3	1	1	1	1	4
651	진천군	4	강진 노촌하수처리장	55	1	3	19		1	2	2	5	3	3	1	1	1	1	4
652	진천군	1	마량 공공하수처리장	550	1	3	19		1	2	2	5	3	3	1	1	1	1	4
653	진천군	1	성전 공공하수처리장	600	1	3	19		1	2	2	5	3	3	1	1	1	1	4
654	진천군	1	병영 공공하수처리장	400	1	3	19		1	2	2	5	3	3	1	1	1	1	4
655	진천군	5	대구 공공하수처리장	85	1	3	19		1	2	2	5	3	3	1	1	1	1	4
656	진천군	5	도암 공공하수처리장	40	1	3	19		1	2	2	5	3	3	1	1	1	1	4
657	진천군	5	신전 공공하수처리장	25	1	3	19		1	2	2	5	3	3	1	1	1	1	4
658	진천군	5	동동 공공하수처리장	50	1	3	19		1	2	2	5	3	3	1	1	1	1	4
659	진천군	5	내동 공공하수처리장	60	1	3	19		1	2	2	5	3	3	1	1	1	1	4
660	진천군	5	용동 공공하수처리장	100	1	3	19		1	2	2	5	3	3	1	1	1	1	4
661	진천군	5	항촌 공공하수처리장	60	1	3	19		1	2	2	5	3	3	1	1	1	1	4
662	진천군	5	학전 공공하수처리장	100	1	3	19		1	2	2	5	3	3	1	1	1	1	4
663	진천군	5	평화 공공하수처리장	30	1	3	19		1	2	2	5	3	3	1	1	1	1	4
664	진천군	5	인천 공공하수처리장	40	1	3	19		1	2	2	5	3	3	1	1	1	1	4
665	진천군	5	중산 공공하수처리장	20	1	3	19	1,560,800	1	2	2	5	3	3	1	1	1	1	4
666	진천군	5	금곡 공공하수처리장	45	1	3	19		1	2	2	5	3	3	1	1	1	1	4
667	진천군	5	연동 공공하수처리장	60	1	3	19		1	2	2	5	3	3	1	1	1	1	4
668	진천군	5	봉동 공공하수처리장	220	1	3	19		1	2	2	5	3	3	1	1	1	1	4
669	진천군	5	청전 공공하수처리장	55	1	3	19		1	2	2	5	3	3	1	1	1	1	4
670	진천군	5	평리 공공하수처리장	40	1	3	19		1	2	2	5	3	3	1	1	1	1	4
671	진천군	5	운전 공공하수처리장	30	1	3	19		1	2	2	5	3	3	1	1	1	1	4
672	진천군	5	송림 공공하수처리장	20	1	3	19		1	2	2	5	3	3	1	1	1	1	4
673	진천군	5	구로 공공하수처리장	45	1	3	19		1	2	2	5	3	3	1	1	1	1	4
674	진천군	5	수동 공공하수처리장	15	1	3	19		1	2	2	5	3	3	1	1	1	1	4
675	진천군	5	사신 공공하수처리장	30	1	3	19		1	2	2	5	3	3	1	1	1	1	4
676	진천군	5	미산 공공하수처리장	45	1	3	19		1	2	2	5	3	3	1	1	1	1	4
677	진천군	5	방촌 공공하수처리장	20	1	3	19		1	2	2	5	3	3	1	1	1	1	4
678	진천군	5	용화 공공하수처리장	50	1	3	19		1	2	2	5	3	3	1	1	1	1	4
679	진천군	5	원당 공공하수처리장	20	1	3	19		1	2	2	5	3	3	1	1	1	1	4
680	진천군	5	연화 공공하수처리장	20	1	3	19		1	2	2	5	3	3	1	1	1	1	4
681	진천군	5	영동 공공하수처리장	20	1	3	19		1	2	2	5	3	3	1	1	1	1	4

순번	시군구	공공하수도 종류	시설명	시설용량(ton/일)	하수도 재원마련 방안	시설 운영주체	운영인원 합계(명)	운영비용(단위:천원/1년간)	예산편성 내역	운영예산 선정 방법	계약방식 계약내용	계약방식 계약기간	계약방식 낙찰자결정방법	관리대행 성과평가 관련 성과평가 실시 여부	성과평가 주기	성과평가 실시 방법	평가기준 자용방법	실제 인센티브 및 패널티 적용 유무	평가결과 적용 인센티브 및 패널티 적용근거
692	완주군	5	신풍 공공하수처리장	20	1	3	19		1	2	2	5	3	3	1	1	1	1	4
693	완주군	5	창동 공공하수처리장	110	1	3	19		1	2	2	5	3	3	1	1	1	1	4
694	완주군	5	만덕 공공하수처리장	110	1	3	19		1	2	2	5	3	3	1	1	1	1	4
695	완주군	5	용지 공공하수처리장	25	1	3	19		1	2	2	5	3	3	1	1	1	1	4
696	완주군	5	서포 공공하수처리장	70	1	3	19		1	2	2	5	3	3	1	1	1	1	4
697	완주군	5	노동 공공하수처리장	140	1	3	19		1	2	2	5	3	3	1	1	1	1	4
698	완주군	5	신전 공공하수처리장	40	1	3	19		1	2	2	5	3	3	1	1	1	1	4
699	완주군	5	대량 공공하수처리장	75	1	3	19		1	2	2	5	3	3	1	1	1	1	4
700	완주군	5	운전 공공하수처리장	90	1	3	19		1	2	2	5	3	3	1	1	1	1	4
701	완주군	5	중촌 공공하수처리장	40	1	3	19		1	2	2	5	3	3	1	1	1	1	4
702	완주군	5	연동 공공하수처리장	30	1	3	19		1	2	2	5	3	3	1	1	1	1	4
703	완주군	5	저리 공공하수처리장	40	1	3	19		1	2	2	5	3	3	1	1	1	1	4
704	완주군	5	내주 공공하수처리장	15	1	3	19		1	2	2	5	3	3	1	1	1	1	4
705	완주군	5	차동 공공하수처리장	40	1	3	19		1	2	2	5	3	3	1	1	1	1	4
706	완주군	5	운곡 공공하수처리장	20	1	3	19		1	2	2	5	3	3	1	1	1	1	4
707	완주군	5	율소 공공하수처리장	40	1	3	19		1	2	2	5	3	3	1	1	1	1	4
708	완주군	5	진변 공공하수처리장	100	1	3	19		1	2	2	5	3	3	1	1	1	1	4
699	완주군	5	창 공공하수처리장	140	1	3	19		1	2	2	5	3	3	1	1	1	1	4
700	완주군	5	부 공공하수처리장	15	1	3	19		1	2	2	5	3	3	1	1	1	1	4
701	완주군	5	교 공공하수처리장	28	1	3	19		1	2	2	5	3	3	1	1	1	1	4
702	완주군	5	용전 공공하수처리장	120	1	3	19		1	2	2	5	3	3	1	1	1	1	4
703	완주군	5	계룡 공공하수처리장	15	1	3	13		1	2	2	5	3	3	1	1	1	1	4
704	완주군	5	대촌 공공하수처리장	5	1	1	1		5	2	2	5	3	1	1	1	1	1	2
705	완주군	5	사평 공공하수처리장	10	1	1	1		5	2	2	5	3	1	1	1	1	1	2
706	완주군	5	용 공공하수처리장	10	1	1	1		5	2	2	5	3	1	1	1	1	1	2
707	완주군	1	예정 공공하수처리장	9,000	1	3	13	1,286,116	5	2	2	5	3	1	1	1	1	1	2
708	완주군	1	송지전 공공하수처리장	500	1	3	1	77,817	5	2	1	5	3	1	1	1	1	1	2
709	완주군	1	화산 공공하수처리장	550	1	3	1	70,743	5	4	7	7	8	4	4	4	5	4	5
710	완주군	1	비봉 공공하수처리장	500	1	3	1	70,743	5	4	7	7	8	4	4	4	5	4	5
711	완주군	1	영광 공공하수처리장	5,500	1	1	7		4	4	7	7	8	4	4	4	5	4	5
712	완주군	1	운주 공공하수처리장	42,000	1	1	11	2,579,964	4	4	7	7	8	4	4	4	5	4	5
713	완주군	1	대둔 공공하수 슬러지 소각시설	30	1	1	11		4	4	7	7	8	4	4	4	5	4	5
714	완주군	3	대둔 공공하수처리시설	100	1	1	11		4	2	1	5	3	1	1	1	1	1	5
715	완주군	4	군산 공공하수처리시설	800	1	3	6	510,000	5	2	1	5	3	1	1	1	1	1	2
716	완주군	1	신복 공공하수처리시설	650	1	3	6	510,000	5	2	1	5	3	1	1	1	1	1	2

순번	시군구	공공하수도 종류 1.하수처리시설(소규모 제외) 2.분뇨처리조시설 3.슬러지처리시설 4.분뇨처리시설 5.기타( )	시설명	시설용량 (ton/일)	하수도 재정어법 방안 1.재정사업 2.민간투자사업(BTO) 3.기타( ) 4.해당없음	시설 운영주체 1.직영 2.공사,공단 3.민간기업 4.기타 •운영시 중복 기입	운영인원 합계(명)	운영비용 (단위:천원/1년간) •직영시 운영예산 기입	예산편성 내역 1.민간위탁금(307-05) 2.공기관에 대한 경상보 위탁사업비(308-13) 3.민간위탁사업비(402-03) 4.직영 5.기타 (비목명 기입)	운영예산 산정 방법 1.지자체 자체 산정 2.전문 기관에 의뢰 3.기타( ) 4.해당없음	계약체결방법(경쟁형태) 1.일반경쟁 2.제한경쟁 3.지명경쟁 4.수의계약 5.법정위탁 6.기타( ) 7.해당없음	계약기간 1.1년 2.2년 3.3년 4.4년 5.5년 6.기타( )년 7.해당없음	낙찰자선정방법 (수의계약 시 해당없음) 1.기술평가적용입찰 2.적격심사 3.협상에의한계약 4.최저가계약 5.규격가격분리 6.2단계 경쟁입찰 7.기타( ) 8.해당없음	성과평가 실시 여부 1.실시 2.미실시 3.향후 추진 4.해당없음	성과평가 주기 1.매년 2.격년 3.기타( ) 4.해당없음	성과평가 실시 방법 1.지자체 자체평가 2.상하수도 협회 의뢰 3.기타( ) 4.해당없음	평가기준 적용방법 1.환경부 지침 2.환경부 지침+지역여건반영 3.전문 평가기관 의뢰 4.기타( ) 5.해당없음	실제 인센티브 및 페널티 적용 유무 1.매년 적용 2.적용 안함 3.기타( ) 4.해당없음	인센티브 및 페널티 적용근거 1.조례 2.계약서 3.지침 4.기타( ) 5.해당없음
718	전북 완주군	1	혁신공공하수처리시설	500	1	3	6	510,000	5	2	1	5	1	1	1	1	1	4	2
719	전북 완주군	1	무이하수처리장	6,700	1	3	21	2,240,819	1	2	1	5	1	1	1	1	1	4	2
720	전북 완주군	1	무주군슬러지처리시설	10	1	3	7	1,077,993	1	1	7	7	8	4	4	4	5	4	5
721	전북 완주군	4	무안군 분뇨처리시설	40	1	1	4	797,079	4	4	7	7	8	4	4	4	5	4	5
722	전북 완주군	1	함열 공공하수처리장	9,000	1	1	10	2,173,000	4	1	7	5	1	1	1	1	1	4	2
723	전북 완주군	1	해룡 공공하수처리장	2,000	1	3	7		1	1	2	5	3	1	1	1	1	4	2
724	전북 완주군	1	손룡 공공하수처리장	550	1	3	2	2,055,000	1	2	5	8	4	4	1	4	5	4	5
725	전북 완주군	1	나산 공공하수처리장	500	1	1	2		1	7	7	8	4	4	4	5	4	5
726	전북 완주군	1	영광 공공하수처리시설	7,500	1	1	5	11,034,463	4	4	7	7	8	4	4	4	5	4	5
727	전북 진안군	1	진도하수중말처리장	5,000	1	1	3	30,907,505	4	4	7	7	8	4	4	4	5	4	5
728	전북 진안군	1	임예하수중말처리장	2,200	3	1	8	2,292,844	4	4	7	7	8	4	4	4	5	4	5
729	전북 진안군	1	구룡포맑은물재생센터	12,000	1	1	8	2,007,116	4	4	2	6	8	3	3	2	1	4	5
730	전북 포항시	1	송해맑은물재생센터	25,000	1	1	10	2,028,879	1	2	7	7	8	4	4	4	5	4	5
731	전북 포항시	1	청항맑은물재생센터(1단계)	15,000	1	3	14	3,292,000	4	4	2	7	8	4	4	4	5	4	5
732	전북 포항시	1	청항맑은물재생센터(2단계)	6,000	1	1	5	1,268,671	1	1	6	6	7	3	3	2	1	4	5
733	전북 포항시	1	청하맑은물재생센터	1,900	2	1	8	3,112,000	1	6	6	3	1	1	1	1	4	2
734	전북 포항시	1	포항울리지원하시설	130	1	1	15	6,230,000	4	7	7	8	4	4	4	5	4	5
735	전북 포항시	2	경주공공하수처리장	110,000	1	3	14	4,935,060	4	7	7	8	4	4	4	5	4	5
736	경북 경주시	1	안강공공하수처리장	18,000	1	3	9	1,463,510	1	4	5	5	3	2	2	3	3	3	2
737	경북 경주시	1	포항공공하수처리장	5,000	1	2	11	1,300,000	1	1	5	5	8	2	2	1	1	4	5
738	경북 경주시	1	촉항맑은하수처리장	6,000	1	2	10	1,200,000	1	1	6	6	8	2	3	2	1	4	5
739	경북 경주시	1	건천공공하수처리장	2,800	1	2	14	5,500,000	1	2	6	6	8	2	2	2	1	4	5
740	경북 경주시	1	내남공공하수처리장	5,000	1	3	19	8,500,000	2	4	5	5	3	2	2	2	3	3	5
741	경북 경주시	2	정주을리지원화시설	90	1	3	13	1,580,000	1	1	5	5	8	1	1	1	1	4	5
742	경북 경주시	1	외동하수처리장	2,150	1	3	10	1,142,095	1	5	8	8	3	1	1	1	3	1	2
743	경북 김천시	1	안동공공하수처리장	54,000	1	1	24	6,414,120	2	5	8	8	3	1	1	1	1	3	2
744	경북 안동시	1	풍산공공하수처리장	4,000	1	2	7	1,264,060	1	5	8	8	3	1	1	1	1	4	5
745	경북 안동시	1	풍천공공하수처리장	9,000	1	2	11	3,104,200	1	5	5	5	3	1	1	1	1	4	5
746	경북 안동시	1	신역마을하수	110	1	2	7		2	5	5	5	3	1	1	1	1	4	5
747	경북 안동시	1	임하마을하수	90	1	2	7		2	1	5	5	3	1	1	1	1	4	5
748	경북 안동시	1	천안마을하수	60	1	2	7		2	1	5	5	3	1	1	1	1	4	5
749	경북 안동시	1	금소마을하수	100	1	2	7		2	1	5	5	3	1	1	1	1	4	5
750	경북 안동시	1	고북마을하수	60	1	2	7		2	1	5	5	3	1	1	1	1	4	5
751	경북 안동시	1	천지마을하수	220	1	2	7		2	1	5	5	3	1	1	1	1	4	5
752	경북 안동시	1	중평마을하수	110	1	2	7		2	1	5	5	3	1	1	1	1	4	5
753	경북 안동시	1	정상마을하수	60	1	2	7		2	1	5	5	3	1	1	1	1	4	5

순번	시군구	공공하수도 종류 1.하수처리시설(소규모 제외) 2.슬러지처리시설 3.슬러지소각시설 4.분뇨처리시설 5.기타( )	시설명	시설용량 (ton/일)	하수도 재원조달 방안 1.재정사업 2.민간투자사업(BTO) 3.기타( ) 4.해당없음	시설 운영주체 1.지자체 2.공사,공단 3.민간기업 4.기타 ・운용시 중복 기입	운영인원 합계 (명)	운영비용 (단위:천원/1년간) ・직영시 운영예산 기입	예산편성 비목 1.민간위탁금(307-05) 2.공기관에 대한 경상적 위탁사업비(308-13) 3.민간위탁사업비(402-03) 4.직영 5.기타(비목명 기입)	운영업체 선정 방법 1.지자체 자체 선정 2.전문 기관에 의뢰 3.기타( ) 4.해당없음 ・직영시 미기입	계약체결방법(경쟁형태) 1.일반경쟁 2.제한경쟁 3.지명경쟁 4.수의계약 5.민간위탁 6.기타( ) 7.해당없음	계약기간 1.1년 2.2년 3.3년 4.4년 5.5년 6.기타( )년 7.해당없음	낙찰자선정방법 (수의계약시 해당없음) 1.기술가격분리입찰 2.적격심사 3.협상에의한계약 4.최저가격계약 5.규격가격분리 6.2단계 경쟁입찰 7.기타( ) 8.해당없음	성과평가 실시 여부 1.실시 2.미실시 3.향후 추진 4.해당없음	성과평가 주기 1.매년 2.격년 3.기타( ) 4.해당없음	성과평가 실시 방법 1.지자체 자체평가 2.상하수도 협회 의뢰 3.기타( ) 4.해당없음	평가기준 적용방법 1.환경부 지침 적용 2.환경부 지침+지역맞춤형 3.전문 평가기관 의뢰 4.기타( ) 5.해당없음	실제 인센티브 및 페널티 적용 유무 1.매년 적용 2.격년 적용 3.기타( ) 4.해당없음	인센티브 및 페널티 적용근거 1.조례 2.계약서 3.지침 4.기타( ) 5.해당없음
754	경북 안동시	1	운혜마을하수	50	1	2	7		2	2	1	5	3	1	1	1	1	4	5
755	경북 안동시	1	서부마을하수	100	1	2	7	1,088,598	2	2	1	5	3	1	1	1	1	4	5
756	경북 안동시	1	신평마을하수	60	1	2	7		2	2	1	5	3	1	1	1	1	4	5
757	경북 안동시	1	외룡문화마을하수	100	1	2	7		2	2	1	5	3	1	1	1	1	4	5
758	경북 안동시	1	운포마을하수	160	1	2	7		2	2	1	5	3	1	1	1	1	4	5
759	경북 안동시	1	외앞이학마을하수	48	1	2	7		2	2	1	5	3	1	1	1	1	4	5
760	경북 안동시	1	단천마을하수	34	1	2	7		2	2	1	5	3	1	1	1	1	4	5
761	경북 안동시	1	옥천마을하수	240	1	2	7		2	2	1	5	3	1	1	1	1	4	5
762	경북 안동시	1	송리마을하수	80	1	2	7		2	2	1	5	3	1	1	1	1	4	5
763	경북 안동시	1	광록마을하수	80	1	2	7		2	2	1	5	3	1	1	1	1	4	5
764	경북 안동시	1	수리마을하수	80	1	2	7		2	1	4	6	8	1	1	2	1	4	4
765	경북 구미시	1	구미하수처리장 (분뇨처리시설)	330,000	1	2	37	21,137,558	2	2	5	6	8	3	3	2	3	4	4
766	경북 구미시	1	중앙하수처리장	55,000	2	3	18	7,813,785	1	6	3	3	3	4	1	4	5	1	3
767	경북 구미시	2	구미슬러지처리장	300	1	3	22	2,141,800	1	7	7	7	8	4	4	4	5	4	5
768	경북 경주시	1	양촌하수처리장	45,000	1	1	28	29,100,000	4	1	7	7	8	4	4	4	3	1	4
769	경북 경주시	1	영천하수처리장	31,000	1	1	12	14,053,008	4	2	2	3	2	1	1	2	3	1	4
770	경북 경주시	1	금호하수처리장	10,000	1	3	9	1,077,562	1	7	2	5	2	4	4	2	3	1	4
771	경북 경주시	1	신월하수처리장	1,100	1	3	4	1,409,190	1	2	2	5	2	1	1	1	3	1	4
772	경북 경주시	1	감포하수처리장	600	1	3	2		1	2	2	5	2	1	1	2	3	2	4
773	경북 경주시	1	분뇨처리시설	100	1	3	2	1,055,120	1	2	2	5	2	1	1	2	3	2	4
774	경북 경산시	1	성주공공하수처리시설	26,000	1	3	47		1	7	2	5	1	1	1	2	1	2	2
775	경북 경산시	1	경천대공공하수처리시설	900	1	3	47	5,470,993	1	7	2	5	1	1	1	2	1	2	2
776	경북 경산시	1	낙동,소규모하수처리시설	700	1	3	47		1	7	2	5	1	1	1	2	1	2	2
777	경북 경산시	4	의 분뇨처리시설	90	1	3	47		1	3	2	5	3	3	1	2	2	1	2
778	경북 경산시	12,4	점촌공공하수처리장 외 25	30,000	1	3	56	3,355,122	2	6	6	6	3	3	3	1	3	2	5
779	경북 경산시	1	경산공공하수처리시설	40,000	2	3	17	4,200,000	2	6	6	6	3	3	3	2	3	2	5
780	경북 경산시	1	진안공공하수처리시설	25,000	2	3	12	3,360,000	2	5	5	5	1	1	1	2	3	2	5
781	경북 경산시	1	영남공공하수처리시설	8,000	1	3	43		2	5	5	5	1	1	1	2	3	2	5
782	경북 영천시	1	금호공공하수처리장	2,600	1	3	43		2	5	5	5	1	1	1	2	3	2	5
783	경북 영천시	1	연계공공하수처리장	2,400	1	3	43	・,647,690	2	5	5	5	1	1	1	2	3	2	5
784	경북 영천시	1	다현공공하수처리장	1,500	1	3	43		2	5	5	5	1	1	1	2	3	2	5
785	경북 영천시	1	봉림공공하수처리장	1,300	1	3	43		2	5	5	5	1	1	1	2	3	2	5
786	경북 영천시	4	분뇨처리시설	30	1	3	43		1	7	6	6	8	1	1	2	1	4	5
787	경북 청송군	1	진보하수처리장	5,700	4	2	20		5	7	6	6	8	1	1	2	1	4	5
788	경북 청송군	1	청송공공하수처리장	2,300	4	2	20	3,340,810	5	7	6	6	8	1	1	2	2	4	5
789	경북 청송군	1	안덕하수처리장	550	4	2	20		5	7	6	6	8	1	1	2	2	4	5

순번	시군구	공공하수도 종류 1.하수처리시설(소규모 제외) 2.슬러지건조시설 3.슬러지소각시설 4.분뇨처리시설 5.기타( )	시설명	시설용량 (ton/일)	하수도 재협의된 방안 1.재정사업 2.민간투자사업(BTO) 3.기타 4.해당없음	시설 운영주체 1.직영 2.공사,공단 3.민간기업 4.기타 *운영시 중복 기입	운영인원 합계 (명)	운영비용 (단위:천원 /1년간) *직영시 운영예산 기입	예산집행 비목 1.민간위탁금(307-05) 2.공기관등에 대한 경상적 위탁사업비(308-13) 3.민간위탁사업비(402-03) 4.직영 5.기타 (예:혼합 가입)	운영자 선정 방법 1.지자체 자체 선정 2.전문 기관에 의뢰 3.기타 4.해당없음 *직영시 미기입	계약체결방법 (경쟁형태) 1.일반경쟁 2.제한경쟁 3.지명경쟁 4.수의계약 5.협상계약 6.기타( ) 7.해당없음	계약기간 1.1년 2.2년 3.3년 4.4년 5.5년 6.기타( ) 7.해당없음	낙찰자선정방법 (수의계약시 해당없음) 1.기술/가격분리입찰 2.적격심사 3.협상에의한계약 4.최저가낙찰제 5.규격가격분리 6.2단계 경쟁입찰 7.기타 8.해당없음	성과평가 실시 여부 1.실시 2.미실시 3.향후 추진 4.해당없음	성과평가 주기 1.매년 2.격년 3.기타( ) 4.해당없음	성과평가 시시 방법 1.지자체 자체평가 2.상수도 협회 의뢰 3.기타( ) 4.해당없음	평가기준 적용방법 1.환경부 지침 적용 2.운영부 지침 -지자체여건반영 3.전문 평가기관 의뢰 4.기타( ) 5.해당없음	실제 인센티브 페널티 적용 유무 1.매년 적용 2.적용 안함 3.기타( ) 4.해당없음	인센티브 및 페널티 적용크기 1.조정 2.계약서 3.계약 4.기타( ) 5.해당없음
790	경북 청송군	1	속이하수처리장	620	4	2	20		5	2	1	5	3	1	1	1	1	4	5
791	경북 영양군	1	영양하수처리장	3,000	1	2	20	3,085,216	2	4	6	4	3	1	1	2	2	1	3
792	경북 영양군	1,4	영덕 공공하수처리시설	13,000	1	1	25	1,686,015	1	4	6	4	3	1	1	2	2	1	3
793	경북 영양군	1	영양 공공하수처리시설	5,400	1	1	16	1,063,553	1	4	6	4	3	1	1	2	2	1	3
794	경북 영양군	1	남정 공공하수처리시설	800	1	1	2	141,470	1	4	6	4	3	1	1	2	2	1	3
795	경북 영양군	1,4	축산 공공하수처리시설	800	1	1	2	141,688	1	2	2	5	2	3	1	2	2	4	5
796	경북 청도군	1	청도공공하수처리시설	7,600	1	3	20		3	2	2	5	3	3	1	2	1	4	5
797	경북 청도군	1	신청공공하수처리시설01	700	1	3	20		3	2	2	5	3	3	1	2	1	4	5
798	경북 청도군	1	신청공공하수처리시설02	400	1	3	20	2,631,000	3	2	2	5	3	3	1	2	1	4	5
799	경북 청도군	1	풍각공공하수처리시설	800	1	3	20		3	2	2	5	3	3	1	2	1	4	5
800	경북 청도군	4	분뇨처리시설	50	1	3	20		3	2	2	5	3	3	1	2	1	4	2
801	경북 고령군	1	고령하수처리장	6,000	1	3	14	960,533	1	2	1	5	3	1	1	1	5	2	2
802	경북 고령군	1	다산하수처리장	2,700	1	3	5	475,931	1	2	1	5	3	1	1	1	5	2	2
803	경북 고령군	2	슬러지처리시설	10	1	3	2	203,476	1	2	1	5	3	1	1	1	5	2	2
804	경북 고령군	4	분뇨처리시설	50	1	3	1	129,631	1	2	1	5	3	1	1	1	5	2	2
805	경북 성주군	1	성주공공하수처리장	7,200	1	3	26		1	2	3	5	3	1	1	2	5	3	2
806	경북 성주군	1	선남공공하수처리시설	650	1	3	26	31,299	1	2	3	5	3	1	1	2	5	3	2
807	경북 성주군	1	대창공공하수처리시설	550	1	3	26		1	2	3	5	3	1	1	2	5	4	2
808	경북 칠곡군	1	가산공공하수처리시설	1,500	1	3	9	1,452,659	1	3	1	5	3	1	3	2	5	4	2
809	경북 칠곡군	1	지천공공하수처리시설	2,000	2	3	25	4,320,000	1	3	1	6	3	1	3	2	5	4	2
810	경북 칠곡군	1	왜관공공하수처리장	42,000	1	3	31	9,940,425	3	3	3	6	3	1	3	2	5	4	2
811	경북 칠곡군	4	분뇨처리시설	100	1	3	40	635,072	1	2	1	5	3	1	1	2	5	2	2
812	경남 창원시	1	예천	7,500	1	3	40		1	2	1	5	3	1	1	2	5	2	5
813	경남 창원시	1	덕동	500	1	3	40		1	2	1	5	3	1	1	2	5	2	5
814	경남 창원시	1	진전	80	1	3	40		1	2	1	5	3	1	1	2	5	2	5
815	경남 창원시	1	진북	450	1	3	40		1	2	1	5	3	1	1	2	5	2	5
816	경남 창원시	1	진동2	45	1	3	40		1	2	1	5	3	1	1	2	5	2	5
817	경남 창원시	1	현동	50	1	3	40		1	2	1	5	3	1	1	2	5	2	5
818	경남 창원시	1	덕현	230	1	3	40	5,232,536	1	2	1	5	3	1	1	2	5	2	5
819	경남 창원시	1	구천	350	1	3	40		1	2	1	5	3	1	1	2	5	2	5
820	경남 창원시	1	북동	100	1	3	40		1	2	1	5	3	1	1	2	5	2	5
821	경남 창원시	1	신동	70	1	3	40		1	2	1	5	3	1	1	2	5	2	5
822	경남 창원시	1	신평	45	1	3	40		1	2	1	5	3	1	1	2	5	2	5
823	경남 창원시	1	오천2	80	1	3	40		1	2	1	5	3	1	1	2	5	2	5
824	경남 창원시	1	우	70	1	3	40		1	2	1	5	3	1	1	2	5	2	5
825	경남 창원시	1	특용	90	1	3	40		1	2	1	5	3	1	1	2	5	2	5

순번	시군구	공공하수도 종류 1. 하수처리시설(소규모 제외) 2. 슬러지건조시설 3. 슬러지소각시설 4. 분뇨처리시설 5. 기타( )	시설명	시설용량(ton/일)	하수도 재활용화 방안 1. 재활용 2. 민간투자사업(BTO) 3. 기타 4. 해당없음	시설 운영주체 1. 직영 2. 공사, 공단 3. 민간기업 4. 기타 • 운영시 업체 기입	운영인력 합계 (명)	운영비용(단위:천원/1년간) • 직영시 운영예산 기입	예산편성 비목 1. 민간위탁금(307-05) 2. 공기관등에 대한 경상적 위탁사업비(308-13) 3. 민간위탁사업비(402-03) 4. 직영 5. 기타(비목명 기입)	운영업체 선정 방법 1. 지자체 자체 선정 2. 전문 기관에 의뢰 3. 기타( ) 4. 해당없음 • 직영시 미기입	계약체결방법(경쟁형태) 1. 통바입찰 2. 제한경쟁 3. 지명경쟁 4. 수의계약 5. 발주청약 6. 기타( ) 7. 해당없음	계약기간 1. 1년 2. 2년 3. 3년 4. 4년 5. 5년 6. 기타(1년) 7. 해당없음	낙찰자선정방법(수의계약 시 해당없음) 1. 기술가격분리입찰 2. 적격심사 3. 협상에의한계약 4. 최저가낙찰제 5. 규격가격분리 6. 2단계 경쟁입찰 7. 기타( ) 8. 해당없음	성과평가 실시 여부 1. 실시 2. 미실시 3. 향후 추진 4. 해당없음	성과평가 주기 1. 매년 2. 격년 3. 기타( ) 4. 해당없음	성과평가 실시 방법 1. 지자체 자체평가 2. 상·하수도 협회 의뢰 3. 기타( ) 4. 해당없음	평가기준 적용방법 1. 환경부 지침 2. 정부부 지침 3. 지자체간 협약 4. 전문 평가기관 의뢰 5. 해당없음	실제 인센티브 및 페널티 적용 유무 1. 채용 적용 2. 채용 미용 3. 기타( ) 4. 해당없음	인센티브 및 페널티 적용근거 1. 조례 2. 계약서 3. 지침 4. 기타( ) 5. 해당없음
826	경북 예천군	1	포리	200	1	3	40			2	1	5	3	1	1	2	5	2	5
827	경북 예천군	1	향석	48	1	3	40			2	1	5	3	1	1	2	5	2	5
828	경북 예천군	2	예천 하수슬러지	18	1	3	40			2	1	5	3	1	1	2	5	2	5
829	경북 예천군	4	예천 분뇨	50	1	3	40	1		1	1	1	7	1	1	1	1	1	5
830	경북 예천군	1	산합	40	1	3	4	26,987	1	1	4	1	7	1	1	1	1	1	5
831	경북 예천군	1	감노	40	1	3	4	26,987	1	1	4	1	7	1	1	1	1	1	5
832	경북 예천군	1	오천	25	1	3	4	26,987	1	1	4	1	7	1	1	1	1	1	5
833	경북 예천군	1	현내	40	1	3	4	44,700	1	1	4	1	7	1	1	1	1	1	5
834	경북 예천군	1	벌방	30	1	3	4	44,700	1	1	4	1	7	1	1	1	1	1	5
835	경북 예천군	1	용산	30	1	3	4	44,700	1	1	4	1	7	1	1	1	1	1	5
836	경북 예천군	1	희룡포1	10	1	3	4	44,700	1	1	4	1	7	1	1	1	1	1	5
837	경북 예천군	1	희룡포2	30	1	3	4	44,700	1	1	4	1	7	1	1	1	1	1	5
838	경북 예천군	1	송전	30	1	3	4	45,300	1	1	4	1	7	1	1	1	1	1	5
839	경북 예천군	1	중평	30	1	3	4	45,300	1	1	4	1	7	1	1	1	1	1	5
840	경북 예천군	1	국안	30	1	3	4	45,300	1	1	4	1	7	1	1	1	1	1	5
841	경북 예천군	1	서북	20	1	3	4	45,300	1	1	4	1	7	1	1	1	1	1	5
842	경북 예천군	1	수진	30	1	3	4	41,300	1	1	4	1	7	1	1	1	1	1	5
843	경북 예천군	1	보각	30	1	3	4	44,300	1	1	4	1	7	1	1	1	1	1	5
844	경북 예천군	1	시항	20	1	3	4	43,300	1	1	4	1	7	1	1	1	1	1	5
845	경북 예천군	1	송을1	20	1	3	4	45,300	1	1	4	1	7	1	1	1	1	1	5
846	경북 예천군	1	송을2	16	1	3	4	45,300	1	1	4	1	7	1	1	1	1	1	5
847	경북 예천군	1	독평	25	1	3	4	45,300	1	1	4	1	7	1	1	1	1	1	5
848	경북 예천군	1	상류	45	1	3	4	42,350	1	1	4	1	7	1	1	1	1	1	5
849	경북 예천군	1	낙상1	21	1	3	4	42,350	1	1	4	1	7	1	1	1	1	1	5
850	경북 예천군	1	시동	40	1	3	4	42,350	1	1	4	1	7	1	1	1	1	1	5
851	경북 예천군	1	대은	15	1	3	4	42,350	1	1	4	1	7	1	1	1	1	1	5
852	경북 예천군	1	봄오	45	1	3	4	42,350	1	1	4	1	7	1	1	1	1	1	5
853	경북 예천군	1	두진	30	1	3	4	42,963	1	1	4	1	7	1	1	1	1	1	5
854	경북 예천군	1	양류	40	1	3	4	42,963	1	1	4	1	7	1	1	1	1	1	5
855	경북 예천군	1	구계	40	1	3	4	42,963	1	1	4	1	7	1	1	1	1	1	5
856	경북 예천군	1	매산	30	1	3	4	42,963	1	1	4	1	7	1	1	1	1	1	5
857	경북 예천군	1	월천	30	1	3	4	42,963	1	1	4	1	7	1	1	1	1	1	5
858	경북 예천군	1	현대	50	1	3	4	43,301	1	1	5	5	3	1	1	1	1	1	5
859	경북 예천군	1	봉화	28	1	3	4		1	1	5	5	3	1	1	1	1	1	5
860	경북 봉화군	1	봉화하수처리장	3,000	1	2	35		5	2	5	5	3	1	1	1	1	1	2
861	경북 봉화군	1	춘양하수처리장	800	1	2	35	4,058,473	5	2	5	5	3	1	1	1	1	1	2

- 24 -

순번	시군구	공공하수도 종류 1.하수처리시설(소규모 제외) 2.슬러지건조시설 3.슬러지소각시설 4.분뇨처리시설 5.기타	시설명	시설량 (ton/일)	하수도 재정지원 방안 1.재정사업 2.민간투자사업(BTO) 3.기타( ) 4.해당없음	시설 운영주체 1.직영 2.공사,공단 3.민간기업 4.기타 •운영사 중복 기입	운영인력 합계(명)	운영비용 (단위:천원/1년간) •작년시 운영예산 기입	예산편성 비목 1.민간위탁금(307-05) 2.공기관등에 대한 경상적 위탁사업비(308-13) 3.민간위탁사업비(402-03) 4.자영 5.기타(비목명 기입)	운영사 선정 방법 1.지자체 지체 선정 2.전문 기관에 의뢰 3.기타( ) 4.해당없음 •작용시 미기입	계약방식 계약결정방법 (경쟁형태) 1.일반경쟁 2.제한경쟁 3.지명경쟁 4.수의계약 5.법정위탁 6.기타 7.해당없음	계약기간 1.1년 2.2년 3.3년 4.4년 5.5년 6.기타(기간) 7.해당없음	낙찰자선정방법 (수의계약 시 해당없음) 1.기술가격분리입찰 2.적격심사 3.협상에의한계약 4.최저가거래약 5.규격가거래관리 6.2단계 경쟁입찰 7.기타( ) 8.해당없음	성과평가 실시 여부 1.실시 2.미실시 3.향후 추진 4.해당없음	성과평가 주기 1.매년 2.격년 3.기타( ) 4.해당없음	성과평가 실시 방법 1.지자체 지체평가 2.상하수도 협회 의뢰 3.기타( ) 4.해당없음	평가기준 적용방법 1.환경부 지침 2.환경부 지침 +지역여건반영 3.전문 평가기관 의뢰 4.기타( ) 5.해당없음	실제 인센티브 적용 유무 1.매년 적용 2.적용 안함 3.기타( ) 4.해당없음	인센티브 및 페널티 적용예 1.조례 2.계약서 3.지침 4.기타( ) 5.해당없음
862	전북 동화군	1	세포하수처리장	560	1	2	35		5			5	3		1			3	4
863	전북 진안군	1	을건군공하수처리시설	27,310	1	3	45	4,200,000	1	2	2	3	1		1			2	5
864	전북특별자치도	1	대천물재생센터	13,000	1	3	19	6,722,000	1	2	2	3			1			2	5
865	전북특별자치도	1	전동물재생센터	6,000	1	3	18	3,208,000	1	2	2	3			1			2	5
866	전북특별자치도	4	정읍분뇨처리시설	400	1	3	14	2,783,000	1	2	2	3	1		1			2	5
867	전북특별자치도	1	전제물재생센터	60,000	1	3	55	4,391,715	1	2	2	3			1			2	5
868	전북특별자치도	2	전제슬러지조소시설	50	1	3	55	2,985,551	1	2	2	3	1		1			2	5
869	전북특별자치도	1	전제물류운영재생센터	20,000	1	3	31	194,615	1	2	4	7			1			2	5
870	전북특별자치도	4	전제분뇨처리시설	80	1	3	55	23,033,890	4	2	2	3	1		1			2	5
871	전북특별자치도	1	대동물재생센터	50,000	1	3	30	9,710,000	1	4	4	7	8		1			2	5
872	전북특별자치도	3	대동 하수슬러지 소각시설	200	1	3	30	4,158,833	4	3	3	5	8		1			2	5
873	전북특별자치도	1	용동하수처리장	54,000	1	1	14	1,763,000	1	3	3	5	8		1			3	4
874	전북특별자치도	1	성진포공공하수처리시설	43,000	1	2	10	3,194,000	2	3	3	5	8		1			3	4
875	전북특별자치도	1	용현공공하수처리시설	28,000	1	2	35	1,210,000	2	3	3	5	8		1			3	4
876	전북특별자치도	1	군안공공하수처리시설	3,000	1	2	17	103,000	2	3	1	5	8		1			3	4
877	전북특별자치도	1	서포공공하수처리시설	1,700	1	2		85,000	2	1	1	5	8		1			3	4
878	전북특별자치도	1	화북공공물순환센터	700	1	2	8	7,663,025	2	1	1	5	8		1			3	4
879	전북특별자치도	1	장유물순환센터	145,000	1	2	25	4,810,951	2	1	1	5	8		1			3	4
880	전북특별자치도	1	진평물순환센터	97,000	1	2	17	3,876,266	2	1	1	5	8		1			3	4
881	전북특별자치도	1	진해물순환센터	26,000	1	2	15	2,043,880	2	1	1	5	8		1			3	4
882	전북특별자치도	1	안해물순환센터	18,000	1	2	11	687,229	2	1	1	5	8		1			3	4
883	전북특별자치도	1	전용물순환센터	1,600	1	2	7	522,673	2	1	1	5	8		1			3	4
884	전북특별자치도	1	생활물순환센터	1,300	1	2	6	804,275	2	1	1	5	8		1			3	4
885	전북특별자치도	1	대물물순환센터	1,100	1	2	8	534,070	2	1	1	5	8		1			3	4
886	전북특별자치도	1	성화물순환센터	1,300	1	2	3	826,415	2	1	1	5	8		1			3	4
887	전북특별자치도	1	기암마을하수처리시설	1,800	1	2		9,980	2	1	1	5	8		1			3	4
888	전북특별자치도	1	내오서마을하수처리시설	30	1	2		13,220	2	1	1	5	8		1			3	4
889	전북특별자치도	1	외오서마을하수처리시설	45	1	2		18,858	2	1	1	5	8		1			3	4
890	전북특별자치도	1	명양마을하수처리시설	30	1	2		32,427	2	1	1	5	8		1			3	4
891	전북특별자치도	1	도청마을하수처리시설	55	1	2		60,789	2	1	1	5	8		1			3	4
892	전북특별자치도	1	낙산마을하수처리시설	170	1	2		61,518	2	1	1	5	8		1			3	4
893	전북특별자치도	1	산마마을하수처리시설	175	1	2		61,518	2	1	1	5	8		1			3	4
894	전북특별자치도	1	전계 신분마을하수처리시설	40	1	2		13,254	2	1	1	5	8		1			3	4
895	전북특별자치도	1	송촌마을하수처리시설	47	1	2		37,269	2	1	1	5	8		1			3	4
896	전북특별자치도	1	독사마을하수처리시설	150	1	2		22,899	2	1	1	5	8		1			3	4
897	전북특별자치도	1	인양마을하수처리시설	80	1	2	8		2	1	1	5	8		1			3	4

순번	시군구	공공하수도 종류 1.하수처리시설(소규모 제외) 2.분뇨처리시설 3.음식물처리시설 4.분뇨처리시설 5.기타( )	시설명	시설용량 (ton/日)	하수도 재원조달 방안 1.재정사업 2.민간투자사업(BTO) 3.기타( ) 4.해당없음	시설운영주체 1.직영 2.공사,공단 3.민간기업 4.기타 *운영시 출처 기입	운영인원 합계 (명)	운영비용 (단위:천원/1년간) *직영시 운영예산 기입	예산반영 비목 1.인건비등(307-05) 2.공기관등에 대한 경상적 위탁사업비(308-13) 3.민간위탁사업비(402-03) 4.자원 5.기타(비목명 기입)	운영회선 선정 방법 1.지자체 자체 선정 2.전문 기관에 의뢰 3.기타( ) 4.해당없음	계약방식 계약체결방법 (경쟁형태) 1.일반경쟁 2.제한경쟁 3.지명경쟁 4.수의계약 5.협상계약 6.기타( ) 7.해당없음	계약기간 1.1년 2.2년 3.3년 4.4년 5.5년 6.기타( )년 7.해당없음	낙찰자선정방법 (수의계약 시 해당없음) 1.기술가격분리입찰 2.적격낙찰 3.협상에 의한 계약 4.최저가낙찰제 5.규격가격분리 6.2단계 경쟁입찰 7.기타( ) 8.해당없음	관리대행 성과평가 관련 성과평가 실시 여부 1.실시 2.미실시 3.향후 추진 4.해당없음	성과평가 주기 1.매년 2.격년 3.기타( ) 4.해당없음	성과평가 실시 방법 1.지자체 자체평가 2.상하수도 협회 의뢰 3.기타( ) 4.해당없음	평가기준 적용방법 1.환경부 지침 2.환경부 지침+지역여건반영 3.전문 평가기관 의뢰 4.기타( ) 5.해당없음	평가결과 적용 실제 인센티브 및 패널티 적용 유무 1.적용 2.적용 안함 3.기타 4.해당없음	인센티브 및 패널티 적용 내용 1.포상 2.계약서 3.지원 4.기타( ) 5.해당없음
898	김해시	1	생림 상포마을하수처리시설	170	1	2		42,682	2	1	5	5	8	1	1	2	3	1	2
899	김해시	1	하사신마을하수처리시설	70	1	2		24,197	2	1	5	5	8	1	1	2	3	1	2
900	김해시	1	유계마을하수처리시설	50	1	2		17,329	2	1	5	5	8	1	1	2	3	1	2
901	김해시	1	봉산마을하수처리시설	60	1	2		20,124	2	1	5	5	8	1	1	2	3	1	2
902	김해시	1	여차마을하수처리시설	120	1	2		35,514	2	1	5	5	8	1	1	2	3	1	2
903	김해시	1	천락마을하수처리시설	130	1	2		31,007	2	1	5	5	8	1	1	2	3	1	2
904	김해시	1	주동 대리마을하수처리시설	65	1	2		3,286	2	1	5	5	8	1	1	2	3	1	2
905	김해시	1	주동마을하수처리시설	160	1	2		4,697	2	1	5	5	8	1	1	2	3	1	3
906	김해시	1	시례마을하수처리시설	100	1	2		29,007	2	1	5	5	8	1	1	1	3	1	3
907	김해시	1	월산공공하수처리시설	30,000	1	2	9	2,198,003	2	1	5	5	8	1	1	2	3	1	3
908	김해시	1	진영공공하수처리시설	4,000	1	2	5	21,152	2	1	5	5	8	1	1	2	3	1	3
909	김해시	1	진례마을하수처리시설	4,000	1	2	6	25,529	2	1	5	5	8	1	1	2	3	1	3
910	김해시	1	무안공공하수처리시설	530	1	2	2	94,730	2	1	5	5	8	1	1	1	3	1	3
911	김해시	5	가축분뇨공공처리시설	100	1	2	3	373,143	2	1	5	5	8	1	1	1	3	1	3
912	김해시	5	가축분뇨공공처리시설(증설)	80	1	2	4	243,164	2	1	5	5	8	1	1	1	3	1	3
913	김해시	4	분뇨공공처리시설	60	1	2	3	28,496	2	1	5	5	8	1	1	2	3	1	3
914	김해시	5	음식물쓰레기+하수병합처리시설	20	1	2	2	87,151	2	1	5	5	8	1	1	1	3	1	3
915	김해시	5	신생활쓰레기에너지화시설	150	1	2	2	308,049	2	1	5	5	8	1	1	1	3	1	4
916	밀양시	3	하수폐기가처리시설	10	1	2	2	15,715,000	2	1	5	5	8	1	1	3	1	4	4
917	밀양시	3	하수폐기가처리시설	20	1	2	2		2	2	5	5	8	1	1	3	1	4	4
918	밀양시	3	의령공공하수처리시설	5,800	1	3	18	123,456	2	2	1	5	8	1	1	3	1	4	4
919	밀양시	3	부림공공하수처리시설	1,000	1	3	5	123,456	2	1	1	5	8	1	1	3	1	4	2
920	밀양시	4	가축분뇨공공처리시설	13,000	1	3	4	12,345,679	1	1,2	4	5	8	1	1	1	1	1	2
921	함안군	1	칠북공공하수처리장	6,000	1	2	42		5	1,2	4	5	8	1	1	1	1	1	2
922	함안군	5	칠원공공하수처리장	5,250	1	2	42		5	1,2	4	5	8	1	1	1	1	1	2
923	함안군	5	부곡공공하수처리장	13,000	1	2	42	5,420,000	5	1,2	4	5	8	1	1	1	1	1	2
924	함안군	5	칠산공공하수처리장	6,700	1	2	42		5	1,2	4	5	8	1	1	1	1	1	2
925	함안군	5	지리공공하수처리장	9,500	1	2	42		5	1,2	4	5	8	1	1	1	1	1	2
926	함안군	4	분뇨처리시설	50	1	2	42		5	1,2	4	5	8	4	4	4	5	4	5
927	함안군	5	하수폐기가처리장	10	1	2	42		5	4	7	7	3	1	1	2	1	1	5
928	고성군	1	고성공공하수처리시설	13,000	1	1	16	2,554,368	4	2	1	3	3	1	1	2	5	4	5
929	고성군	1	회화공공하수처리시설	1,000	1	3	7	960,718	1	2	7	7	8	4	4	4	5	4	5
930	고성군	1	거류공공하수처리시설	1,200	1	3	7		4	4	7	7	8	4	4	4	5	4	5
931	하동군	1	하동공공하수처리장	7,500	1	2	4		4	4	7	7	8	4	4	4	5	4	5
932	하동군	1	진교공공하수처리장	1,300	1	3	4	1,041,920	4	4	7	7	8	4	4	4	5	4	5
933	하동군	1	화개공공하수처리장	500	1	3	3		4	4	7	7	8	4	4	4	5	4	5

- 26 -

순번	시군구	공공하수처리시설 종류 1.하수처리시설(소규모 제외) 2.분뇨처리시설 3.하수처리조사시설 4.분뇨처리시설 5.기타( )	시설명	시설용량 (ton/일)	하수도 재매비용 방안 1.재정사업 2.민간투자사업(BTO) 3.기타( ) 4.해당없음	시설 운영주체 1.직영 2.공사,공단 3.민간기업 4.기타 *운영사 중복 기입	운영인원 합계(명)	운영비용 (단위:천원/1년간) *직영시 운영예산 기입	예산편성 비목 1.민간위탁금(307-05) 2.공기관에 대한 경상적 위탁사업비(308-13) 3.민간행사사업비(402-03) 4.직영 5.기타(세목명 기입)	운영업산 선정 방법 1.지자체 자체 선정 2.전문 기관에 의뢰 3.기타( ) 4.해당없음 *직영시 미기입	계약체결방법(경쟁형태) 1.일반경쟁 2.제한경쟁 3.지명경쟁 4.수의계약 5.입찰행위 6.기타( ) 7.해당없음	계약기간 1.1년 2.2년 3.3년 4.4년 5.5년 6.기타( )년 7.해당없음	낙찰자선정방법 (수의계약시 해당없음) 1.기술가격분리입찰 2.적격심사 3.협상에의한계약 4.최저가낙찰제 5.규격가격분리 6.2단계 경쟁입찰 7.기타( ) 8.해당없음	성과평가 실시 여부 1.실시 2.미실시 3.향후 추진 4.해당없음	성과평가 주기 1.반년 2.1년 3.기타( ) 4.해당없음	성과평가 실시 방법 1.지자체 자체평가 2.상.하수도 협회 의뢰 3.기타( ) 4.해당없음	평가기준 적용방법 1.환경부 지침 적용 2.환경부 지침+지역여건반영 3.전문 평가기관 의뢰 4.기타( ) 5.해당없음	실제 인센티브 및 페널티 적용 유무 1.매년 적용 2.적용 안함 3.기타( ) 4.해당없음	인센티브 및 페널티 적용근거 1.조례 2.계약서 3.지침 4.기타( ) 5.해당없음
934	경남 하동군	4	하동 분뇨처리시설	50	1	1	1		4	2	1	3	1	1	1	1	1	2	4
935	경남 함양군	1	함양하수처리장	9,600	1	1	33		3	2	1	3	1	1	1	1	1	2	4
936	경남 함양군	1	수동하수처리장	800	1	1	33	3,635,423	3	2	1	3	1	1	1	1	1	2	4
937	경남 함양군	1	안의하수처리장	900	1	1	33		3	2	1	3	1	1	1	1	1	2	4
938	경남 함양군	4	함양 분뇨처리시설	130	1	1	8	1,027,192	3	2	2	3	3	1	1	2	1	1	2
939	경남 거창군	1	거창공공하수처리장	19,000	1	3	50		1	2	2	3	3	1	1	2	1	1	2
940	경남 거창군	1	가조공공하수처리장	5,500	1	3	50	6,127,440	1	2	2	3	3	1	1	2	1	1	2
941	경남 거창군	1	위천공공하수처리장	600	1	3	50		1	2	2	3	3	1	1	2	1	1	2
942	경남 거창군	4	분뇨처리시설	70	1	3	50		1	5	5	3	8	1	1	1	1	1	4
943	경남 합천군	1	합천 공공하수처리장	5,000	1	2	36		5	5	5	3	8	1	1	1	1	1	4
944	경남 합천군	1	가야이로 공공하수처리장	2,000	1	2	36	3,864,204	5	5	5	3	8	1	1	1	1	1	4
945	경남 합천군	1	초계적포 공공하수처리장	1,400	1	2	36		5	5	5	3	8	1	1	1	1	1	4
946	경남 합천군	1	삼가 공공하수처리장	900	1	2	36		5	5	5	3	8	1	1	1	1	1	4
947	경남 합천군	1	가조 공공하수처리장	660	1	2	36		5	5	5	3	8	1	1	1	1	1	5
948	경남 합천군	4	분뇨처리시설	50	1	2	2	665,654	5	7	3	7	1	4	4	4	5	4	5
949	제주 제주시	1	동부하수처리장	12,000	1	1	15	3,525,096	4	7	3	7	8	4	4	4	5	4	5
950	제주 제주시	1	서부하수처리장	24,000	1	1	11	8,550,041	4	7	3	7	8	4	4	4	5	4	5
951	제주 제주시	1	제주하수처리장	130,000	1	1	19	12,013,287	4	4	2	7	8	1	1	2	1	2	5
952	제주 제주시	2	광역하수울리지 자원화시설	70	1	3	15	4,192,400	2	6	3	7	7	1	1	2	3	4	2
953	제주 제주시	4	제주,동부,서부위생처리장	680	1	3	25	2,374,553	2	2	3	1	1	1	1	2	3	1	2
954	제주 서귀포시	1	보목하수처리장	30,000	1	3	22	4,853,000	2	2	3	7	1	4	4	4	5	4	5
955	제주 서귀포시	1	색달하수처리장	23,000	1	3	17		2	2	3	7	8	4	4	4	5	4	5
956	제주 서귀포시	1	대정하수처리장	21,000	1	1	12	1,838,271	4	7	3	7	8	4	4	4	5	4	5
957	제주 서귀포시	1	남원하수처리장	16,000	1	1	14	1,468,307	4	7	3	7	8	4	4	4	5	4	5
958	제주 서귀포시	1	성산하수처리장	10,000	1	1	11	2,305,860	4	7	3	7	8	4	4	4	5	4	5
959	제주 서귀포시	4	도근위생처리장	130	1	1	4	119,482	4	7	3	7	7	4	4	4	5	4	5

배성기 (裵成基)

| 약력 |

現 공공서비스연구원 원장, 한국민간위탁연구소 소장, 한국공공서비스연구소 소장, 한국사회적가치연구소 소장,
한국지방의정연구소 소장, 단국대학교 경영학 박사, 가천대학교 회계학 석사
現 단국대학교 경영학과 외래교수
現 파주시청 민간위탁 운영심의위원, 은평구청 민간위탁 적정성운영위원
現 중랑구의회 의정자문위원, 한국의정연구회 지방의회연구소 초빙교수
現 송파구 민간위탁 운영평가위원, 사회적기업 육성 위원
現 성북구 사회적경제 육성위원, 성북민관협치 운영위원
現 국민권익위원회 부패영향평가 자문위원
現 가천대학교 사회적기업과고용관계연구소 비상임 선임연구원
現 에코아이 지속가능경영연구소 비상임 소장
現 (재)현대산업경제연구원 비상임 연구위원
前 서울시 민간위탁 원가분석 자문위원
前 단국대학교 경제학과 외래교수

| 주요 연구수행실적 |

「정부 및 지자체 등으로부터 위탁받은 사업 매뉴얼 구축 용역」
「2017년 재정사업 성과평가 용역(산림자원육성)」
「농림축산식품 정보화사업 성과관리체계 구축 연구」
「자동차전용도로 효율적 관리를 위한 직무분석 용역」
「산림문화휴양촌 관리운영 방안 수립 연구 용역」
「생활폐기물 수집·운반 및 처리시설 민간위탁 타당성 및 운영효율화 방안」
「산업단지 폐수처리시설 민간위탁 타당성 및 운영효율화 방안」
「종합사회복지관 민간위탁 타당성 및 운영효율화 방안」
「장애인복지관 민간위탁 타당성 및 운영효율화 방안」
「노인종합복지관 민간위탁 타당성 및 운영효율화 방안」
「아동·청소년시설 민간위탁 타당성 및 운영효율화 방안」
「소각장 민간위탁 타당성 및 운영효율화 방안」
「자동집하시설 민간위탁 타당성 및 운영효율화 방안」
「가로등관리 민간위탁 타당성 및 운영효율화 방안」
「공원관리 민간위탁 타당성 및 운영효율화 방안」
「문화예술체육시설 운영관리 민간위탁 타당성 및 운영효율화 방안」 외 다수

| 주요 저술실적 |

저서 : 지방자치단체 민간위탁 운영관리메뉴얼 Ⅰ, Ⅱ, Ⅲ권, 민간위탁 원가산정, 공공관리와 성과,
　　　민간위탁 조례 및 계약 관리 방안, 하수처리시설 민간위탁 서비스 평가, 공공하수도시설 민간위탁 서비스 경영,
　　　생활폐기물 수집·운반 및 처리시설 민간위탁 서비스 경영 등
번역 : OECD 정부기능 및 정부서비스 민간위탁 외 4권
논문 : 민간위탁서비스 핵심운영요인이 운영성과에 미치는 영향에 관한 실증 연구(2014) 등 3개
발표 : 한국생산관리학회, 한국구매조달학회, 한국관광경영학회 등 다수

KCOMI 발간도서 소개

● 민간위탁 통계

KCOMI 통계
2025 전국 지방자치단체 민·관 협업사무 운영 현황 I
민간위탁금(307-05)
사회복지시설법정운영비보조(307-10)
민간인위탁교육비(307-12)
공기관등에대한경상적대행사업비(308-10)

본 도서는 전국 17개 광역자치단체를 포함한 243개 지방자치단체의 2021년 민관 협업사무 운영 현황으로서 국내에서 유일하게 전국 민관 협업사무 운영 현황을 파악할 수 있는 자료이다. 해당 시리즈는 총 3권으로 제작되었다.

배성기 지음
한국민간위탁경영구소
2025년 3월 출간

KCOMI 통계
2025 전국 지방자치단체 민·관 협업사무 운영 현황 II
민간위탁금(307-05)
사회복지시설법정운영비보조(307-10)
민간인위탁교육비(307-12)
공기관등에대한경상적대행사업비(308-10)

본 도서는 전국 17개 광역자치단체를 포함한 243개 지방자치단체의 2021년 민관 협업사무 운영 현황으로서 국내에서 유일하게 전국 민관 협업사무 운영 현황을 파악할 수 있는 자료이다. 해당 시리즈는 총 3권으로 제작되었다.

배성기 지음
한국민간위탁경영구소
2025년 3월 출간

KCOMI 통계
2025 전국 지방자치단체 민·관 협업사무 운영 현황 III
민간위탁금(307-05)
사회복지시설법정운영비보조(307-10)
민간인위탁교육비(307-12)
공기관등에대한경상적대행사업비(308-10)

본 도서는 전국 17개 광역자치단체를 포함한 243개 지방자치단체의 2021년 민관 협업사무 운영 현황으로서 국내에서 유일하게 전국 민관 협업사무 운영 현황을 파악할 수 있는 자료이다. 해당 시리즈는 총 3권으로 제작되었다.

배성기 지음
한국민간위탁경영구소
2025년 3월 출간

KCOMI 통계
2024 전국 지방자치단체 중간지원조직 위탁 운영현황
민간위탁금(307-05)
사회복지시설법정운영비보조(307-10)
민간인위탁교육비(307-12)
공기관등에대한경상적대행사업비(308-10)

본 도서는 전국 17개 광역자치단체를 포함한 243개 지방자치단체의 2021년 민관 협업사무 운영 현황으로서 국내에서 유일하게 전국 민관 협업사무 운영 현황을 파악할 수 있는 자료이다.

배성기 지음
한국민간위탁경영구소
2024년 10월 출간

KCOMI 통계
2024 전국 지방자치단체 정보화사업 추진현황
민간위탁금(307-05)
사회복지시설법정운영비보조(307-10)
민간인위탁교육비(307-12)
공기관등에대한경상적대행사업비(308-10)

본 도서는 전국 17개 광역자치단체를 포함한 243개 지방자치단체의 2021년 민관 협업사무 운영 현황으로서 국내에서 유일하게 전국 민관 협업사무 운영 현황을 파악할 수 있는 자료이다.

배성기 지음
한국민간위탁경영구소
2024년 10월 출간

KCOMI 통계
2024 전국 지방자치단체 사회복지시설 운영현황
민간위탁금(307-05)
사회복지시설법정운영비보조(307-10)
민간인위탁교육비(307-12)
공기관등에대한경상적대행사업비(308-10)

본 도서는 전국 17개 광역자치단체를 포함한 243개 지방자치단체의 2021년 민관 협업사무 운영 현황으로서 국내에서 유일하게 전국 민관 협업사무 운영 현황을 파악할 수 있는 자료이다.

배성기 지음
한국민간위탁경영구소
2024년 10월 출간

KCOMI 통계
2024 전국 지방자치단체 평생교육시설 운영현황
민간위탁금(307-05)
사회복지시설법정운영비보조(307-10)
민간인위탁교육비(307-12)
공기관등에대한경상적대행사업비(308-10)

본 도서는 전국 17개 광역자치단체를 포함한 243개 지방자치단체의 2021년 민관 협업사무 운영 현황으로서 국내에서 유일하게 전국 민관 협업사무 운영 현황을 파악할 수 있는 자료이다.

배성기 지음
한국민간위탁경영구소
2024년 10월 출간

KCOMI 통계
2024 전국 지방자치단체 청소년수련시설 운영현황
민간위탁금(307-05)
사회복지시설법정운영비보조(307-10)
민간인위탁교육비(307-12)
공기관등에대한경상적대행사업비(308-10)

본 도서는 전국 17개 광역자치단체를 포함한 243개 지방자치단체의 2021년 민관 협업사무 운영 현황으로서 국내에서 유일하게 전국 민관 협업사무 운영 현황을 파악할 수 있는 자료이다.

배성기 지음
한국민간위탁경영구소
2024년 10월 출간

KCOMI 통계
2024 전국 지방자치단체 문화예술시설 운영현황
민간위탁금(307-05)
사회복지시설법정운영비보조(307-10)
민간인위탁교육비(307-12)
공기관등에대한경상적대행사업비(308-10)

본 도서는 전국 17개 광역자치단체를 포함한 243개 지방자치단체의 2021년 민관 협업사무 운영 현황으로서 국내에서 유일하게 전국 민관 협업사무 운영 현황을 파악할 수 있는 자료이다.

배성기 지음
한국민간위탁경영구소
2024년 10월 출간

KCOMI 통계
2024 전국 지방자치단체 관광시설 운영현황
민간위탁금(307-05)
사회복지시설법정운영비보조(307-10)
민간인위탁교육비(307-12)
공기관등에대한경상적대행사업비(308-10)

본 도서는 전국 17개 광역자치단체를 포함한 243개 지방자치단체의 2021년 민관 협업사무 운영 현황으로서 국내에서 유일하게 전국 민관 협업사무 운영 현황을 파악할 수 있는 자료이다.

배성기 지음
한국민간위탁경영구소
2024년 10월 출간

KCOMI 통계
2024 전국 지방자치단체
체육시설 운영현황
민간위탁금(307-05)
사회복지시설법정운영비보조(307-10)
민간인위탁교육비(307-12)
공기관등에대한경상적대행사업비(308-10)

본 도서는 전국 17개 광역자치단체를 포함한 243개 지방자치단체의 2021년 민관 협업사무 운영 현황으로서 국내에서 유일하게 전국 민관 협업사무 운영 현황을 파악할 수 있는 자료이다.

배성기 지음
한국민간위탁경영구소
2024년 10월 출간

KCOMI 통계
2024 전국 지방자치단체
민원콜센터 운영현황
민간위탁금(307-05)
사회복지시설법정운영비보조(307-10)
민간인위탁교육비(307-12)
공기관등에대한경상적대행사업비(308-10)

본 도서는 전국 17개 광역자치단체를 포함한 243개 지방자치단체의 2021년 민관 협업사무 운영 현황으로서 국내에서 유일하게 전국 민관 협업사무 운영 현황을 파악할 수 있는 자료이다.

배성기 지음
한국민간위탁경영구소
2024년 10월 출간

KCOMI 통계
2024 전국 지방자치단체
폐기물처리시설 운영현황
민간위탁금(307-05)
사회복지시설법정운영비보조(307-10)
민간인위탁교육비(307-12)
공기관등에대한경상적대행사업비(308-10)

본 도서는 전국 17개 광역자치단체를 포함한 243개 지방자치단체의 2021년 민관 협업사무 운영 현황으로서 국내에서 유일하게 전국 민관 협업사무 운영 현황을 파악할 수 있는 자료이다.

배성기 지음
한국민간위탁경영구소
2024년 10월 출간

KCOMI 통계
2024 전국 지방자치단체
생활폐기물 수집운반 운영현황
민간위탁금(307-05)
사회복지시설법정운영비보조(307-10)
민간인위탁교육비(307-12)
공기관등에대한경상적대행사업비(308-10)

본 도서는 전국 17개 광역자치단체를 포함한 243개 지방자치단체의 2021년 민관 협업사무 운영 현황으로서 국내에서 유일하게 전국 민관 협업사무 운영 현황을 파악할 수 있는 자료이다.

배성기 지음
한국민간위탁경영구소
2024년 10월 출간

KCOMI 통계
2024 전국 지방자치단체
상수도시설 운영현황
민간위탁금(307-05)
사회복지시설법정운영비보조(307-10)
민간인위탁교육비(307-12)
공기관등에대한경상적대행사업비(308-10)

본 도서는 전국 17개 광역자치단체를 포함한 243개 지방자치단체의 2021년 민관 협업사무 운영 현황으로서 국내에서 유일하게 전국 민관 협업사무 운영 현황을 파악할 수 있는 자료이다.

배성기 지음
한국민간위탁경영구소
2024년 10월 출간

KCOMI 통계
2024 전국 지방자치단체
공공하수도시설 운영현황
민간위탁금(307-05)
사회복지시설법정운영비보조(307-10)
민간인위탁교육비(307-12)
공기관등에대한경상적대행사업비(308-10)

본 도서는 전국 17개 광역자치단체를 포함한 243개 지방자치단체의 2021년 민관 협업사무 운영 현황으로서 국내에서 유일하게 전국 민관 협업사무 운영 현황을 파악할 수 있는 자료이다.

배성기 지음
한국민간위탁경영구소
2024년 10월 출간

KCOMI 통계
2024 전국 지방자치단체 민·관 협업사무 운영 현황 I
민간위탁금(307-05)
사회복지시설법정운영비보조(307-10)
민간인위탁교육비(307-12)
공기관등에대한경상적대행사업비(308-10)

본 도서는 전국 17개 광역자치단체를 포함한 243개 지방자치단체의 2021년 민관 협업사무 운영 현황으로서 국내에서 유일하게 전국 민관 협업사무 운영 현황을 파악할 수 있는 자료이다. 해당 시리즈는 총 3권으로 제작되었다.

배성기 지음
한국민간위탁경영구소
2024년 2월 출간

KCOMI 통계
2024 전국 지방자치단체 민·관 협업사무 운영 현황 II
민간위탁금(307-05)
사회복지시설법정운영비보조(307-10)
민간인위탁교육비(307-12)
공기관등에대한경상적대행사업비(308-10)

본 도서는 전국 17개 광역자치단체를 포함한 243개 지방자치단체의 2021년 민관 협업사무 운영 현황으로서 국내에서 유일하게 전국 민관 협업사무 운영 현황을 파악할 수 있는 자료이다. 해당 시리즈는 총 3권으로 제작되었다.

배성기 지음
한국민간위탁경영구소
2024년 2월 출간

KCOMI 통계
2024 전국 지방자치단체 민·관 협업사무 운영 현황 III
민간위탁금(307-05)
사회복지시설법정운영비보조(307-10)
민간인위탁교육비(307-12)
공기관등에대한경상적대행사업비(308-10)

본 도서는 전국 17개 광역자치단체를 포함한 243개 지방자치단체의 2021년 민관 협업사무 운영 현황으로서 국내에서 유일하게 전국 민관 협업사무 운영 현황을 파악할 수 있는 자료이다. 해당 시리즈는 총 3권으로 제작되었다.

배성기 지음
한국민간위탁경영구소
2024년 2월 출간

KCOMI 통계
2024 중앙행정기관 행정사무 민간이전 운영현황
민간위탁금(307-05)
사회복지시설법정운영비보조(307-10)
민간인위탁교육비(307-12)
공기관등에대한경상적대행사업비(308-10)

본 도서는 전국 17개 광역자치단체를 포함한 243개 지방자치단체의 2021년 민관 협업사무 운영 현황으로서 국내에서 유일하게 전국 민관 협업사무 운영 현황을 파악할 수 있는 자료이다.

배성기 지음
한국민간위탁경영구소
2024년 2월 출간

KCOMI 통계
2023 전국 지방자치단체 민·관 협업사무 운영 현황 장애인 복지시설
민간위탁금(307-05)
사회복지시설법정운영비보조(307-10)
민간인위탁교육비(307-12)
공기관등에대한경상적대행사업비(308-10)

본 도서는 전국 17개 광역자치단체를 포함한 243개 지방자치단체의 2021년 민관 협업사무 운영 현황으로서 국내에서 유일하게 전국 민관 협업사무 운영 현황을 파악할 수 있는 자료이다.

배성기 지음
한국민간위탁경영구소
2023년 10월 출간

KCOMI 통계
2023 전국 지방자치단체 민·관 협업사무 운영 현황 청소년 수련시설
민간위탁금(307-05)
사회복지시설법정운영비보조(307-10)
민간인위탁교육비(307-12)
공기관등에대한경상적대행사업비(308-10)

본 도서는 전국 17개 광역자치단체를 포함한 243개 지방자치단체의 2021년 민관 협업사무 운영 현황으로서 국내에서 유일하게 전국 민관 협업사무 운영 현황을 파악할 수 있는 자료이다.

배성기 지음
한국민간위탁경영구소
2023년 10월 출간

KCOMI 통계
2023 전국 지방자치단체
민·관 협업사무 운영 현황 주차장

민간위탁금(307-05)
사회복지시설법정운영비보조(307-10)
민간인위탁교육비(307-12)
공기관등에대한경상적대행사업비(308-10)

본 도서는 전국 17개 광역자치단체를 포함한 243개 지방자치단체의 2021년 민관 협업사무 운영 현황으로서 국내에서 유일하게 전국 민관 협업사무 운영 현황을 파악할 수 있는 자료이다.

배성기 지음
한국민간위탁경영구소
2023년 10월 출간

KCOMI 통계
2023 전국 지방자치단체
민·관 협업사무 운영 현황 공원

민간위탁금(307-05)
사회복지시설법정운영비보조(307-10)
민간인위탁교육비(307-12)
공기관등에대한경상적대행사업비(308-10)

본 도서는 전국 17개 광역자치단체를 포함한 243개 지방자치단체의 2021년 민관 협업사무 운영 현황으로서 국내에서 유일하게 전국 민관 협업사무 운영 현황을 파악할 수 있는 자료이다.

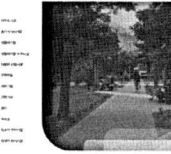

배성기 지음
한국민간위탁경영구소
2023년 10월 출간

KCOMI 통계
2023 전국 지방자치단체
민·관 협업사무 운영 현황 관광시설

민간위탁금(307-05)
사회복지시설법정운영비보조(307-10)
민간인위탁교육비(307-12)
공기관등에대한경상적대행사업비(308-10)

본 도서는 전국 17개 광역자치단체를 포함한 243개 지방자치단체의 2021년 민관 협업사무 운영 현황으로서 국내에서 유일하게 전국 민관 협업사무 운영 현황을 파악할 수 있는 자료이다.

배성기 지음
한국민간위탁경영구소
2023년 10월 출간

KCOMI 통계
2023 전국 지방자치단체
민·관 협업사무 운영 현황 문화예술

민간위탁금(307-05)
사회복지시설법정운영비보조(307-10)
민간인위탁교육비(307-12)
공기관등에대한경상적대행사업비(308-10)

본 도서는 전국 17개 광역자치단체를 포함한 243개 지방자치단체의 2021년 민관 협업사무 운영 현황으로서 국내에서 유일하게 전국 민관 협업사무 운영 현황을 파악할 수 있는 자료이다.

배성기 지음
한국민간위탁경영구소
2023년 10월 출간

KCOMI 통계
2023 전국 지방자치단체
민·관 협업사무 운영 현황
재활용 선별시설

민간위탁금(307-05)
사회복지시설법정운영비보조(307-10)
민간인위탁교육비(307-12)
공기관등에대한경상적대행사업비(308-10)

본 도서는 전국 17개 광역자치단체를 포함한 243개 지방자치단체의 2021년 민관 협업사무 운영 현황으로서 국내에서 유일하게 전국 민관 협업사무 운영 현황을 파악할 수 있는 자료이다.

배성기 지음
한국민간위탁경영구소
2023년 10월 출간

KCOMI 통계
2023 전국 지방자치단체
민·관 협업사무 운영 현황
생활폐기물 소각시설

민간위탁금(307-05)
사회복지시설법정운영비보조(307-10)
민간인위탁교육비(307-12)
공기관등에대한경상적대행사업비(308-10)

본 도서는 전국 17개 광역자치단체를 포함한 243개 지방자치단체의 2021년 민관 협업사무 운영 현황으로서 국내에서 유일하게 전국 민관 협업사무 운영 현황을 파악할 수 있는 자료이다.

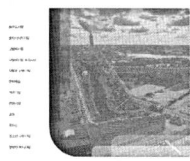

배성기 지음
한국민간위탁경영구소
2023년 10월 출간

KCOMI 통계
2023 전국 지방자치단체 민·관 협업사무 운영 현황 생활폐기물

민간위탁금(307-05)
사회복지시설법정운영비보조(307-10)
민간인위탁교육비(307-12)
공기관등에대한경상적대행사업비(308-10)

본 도서는 전국 17개 광역자치단체를 포함한 243개 지방자치단체의 2021년 민관 협업사무 운영 현황으로서 국내에서 유일하게 전국 민관 협업사무 운영 현황을 파악할 수 있는 자료이다.

배성기 지음
한국민간위탁경영구소
2023년 10월 출간

KCOMI 통계
2023 전국 지방자치단체 민·관 협업사무 운영 현황 슬러지처리시설

민간위탁금(307-05)
사회복지시설법정운영비보조(307-10)
민간인위탁교육비(307-12)
공기관등에대한경상적대행사업비(308-10)

본 도서는 전국 17개 광역자치단체를 포함한 243개 지방자치단체의 2021년 민관 협업사무 운영 현황으로서 국내에서 유일하게 전국 민관 협업사무 운영 현황을 파악할 수 있는 자료이다.

배성기 지음
한국민간위탁경영구소
2023년 10월 출간

KCOMI 통계
2023 전국 지방자치단체 민·관 협업사무 운영 현황 하수도시설

민간경상사업보조(307-02)
민간단체법정운영비보조(307-03)
민간행사사업보조(307-04)

본 도서는 전국 17개 광역자치단체를 포함한 243개 지방자치단체의 2021년 민관 협업사무 운영 현황으로서 국내에서 유일하게 전국 민관 협업사무 운영 현황을 파악할 수 있는 자료이다.

배성기 지음
한국민간위탁경영구소
2023년 10월 출간

KCOMI 통계
2023 전국 지방자치단체 민·관 협업사무 운영 현황 통합본

민간위탁금(307-05)
사회복지시설법정운영비보조(307-10)
민간인위탁교육비(307-12)
공기관등에대한경상적대행사업비(308-10)

본 도서는 전국 17개 광역자치단체를 포함한 243개 지방자치단체의 2021년 민관 협업사무 운영 현황으로서 국내에서 유일하게 전국 민관 협업사무 운영 현황을 파악할 수 있는 자료이다.

배성기 지음
한국민간위탁경영구소
2023년 10월 출간

KCOMI 통계
2023 중앙행정기관 행정사무 민간이전 운영현황

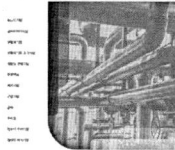

민간경상사업보조(307-02)
민간단체법정운영비보조(307-03)
민간행사사업보조(307-04)

본 도서는 전국 17개 광역자치단체를 포함한 243개 지방자치단체의 2021년 민관 협업사무 운영 현황으로서 국내에서 유일하게 전국 민관 협업사무 운영 현황을 파악할 수 있는 자료이다.

배성기 지음
한국민간위탁경영구소
2023년 2월 출간

KCOMI 통계
2023 공공기관 민간위탁 운영 현황

민간위탁금(307-05)
사회복지시설법정운영비보조(307-10)
민간인위탁교육비(307-12)
공기관등에대한경상적대행사업비(308-10)

본 도서는 전국 17개 광역자치단체를 포함한 243개 지방자치단체의 2021년 민관 협업사무 운영 현황으로서 국내에서 유일하게 전국 민관 협업사무 운영 현황을 파악할 수 있는 자료이다.

배성기 지음
한국민간위탁경영구소
2023년 2월 출간

KCOMI 통계
2023 전국 지방자치단체 민·관 협업사무 운영 현황 Ⅰ
민간경상사업보조(307-02)
민간단체법정운영비보조(307-03)
민간행사사업보조(307-04)

본 도서는 전국 17개 광역자치단체를 포함한 243개 지방자치단체의 2021년 민관 협업사무 운영 현황으로서 국내에서 유일하게 전국 민관 협업사무 운영 현황을 파악할 수 있는 자료이다. 해당 시리즈는 총 3권으로 제작되었다.

배성기 지음
한국민간위탁경영구소
2023년 2월 출간

KCOMI 통계
2023 전국 지방자치단체 민·관 협업사무 운영 현황 Ⅱ
민간위탁금(307-05)
사회복지시설법정운영비보조(307-10)
민간인위탁교육비(307-12)
공기관등에대한경상적대행사업비(308-10)

본 도서는 전국 17개 광역자치단체를 포함한 243개 지방자치단체의 2021년 민관 협업사무 운영 현황으로서 국내에서 유일하게 전국 민관 협업사무 운영 현황을 파악할 수 있는 자료이다. 해당 시리즈는 총 3권으로 제작되었다.

배성기 지음
한국민간위탁경영구소
2023년 2월 출간

KCOMI 통계
2023 전국 지방자치단체 민·관 협업사무 운영 현황 Ⅲ
민간경상사업보조(307-02)
민간단체법정운영비보조(307-03)
민간행사사업보조(307-04)

본 도서는 전국 17개 광역자치단체를 포함한 243개 지방자치단체의 2021년 민관 협업사무 운영 현황으로서 국내에서 유일하게 전국 민관 협업사무 운영 현황을 파악할 수 있는 자료이다. 해당 시리즈는 총 3권으로 제작되었다.

배성기 지음
한국민간위탁경영구소
2023년 2월 출간

KCOMI 통계 - Ebook
2023 전국 지방자치단체 민간위탁 운영현황
민간위탁금(307-05)
사회복지시설법정운영비보조(307-10)
민간인위탁교육비(307-12)
공기관등에대한경상적대행사업비(308-10)

본 도서는 전국 17개 광역자치단체를 포함한 243개 지방자치단체의 민간위탁금(307-06) 예산 운영 현황으로서, 예산 및 해당사무별 업체선정방법, 개별조례 유무, 원가산정기준, 서비스(성과)평가 유무 등을 파악할 수 있는 자료이다.

배성기 지음
한국민간위탁경영구소
2023년 2월 출간

KCOMI 통계
2022 전국 지방자치단체 민·관 협업사무 운영 현황 Ⅰ
민간경상사업보조(307-02)
민간단체법정운영비보조(307-03)
민간행사사업보조(307-04)

본 도서는 전국 17개 광역자치단체를 포함한 243개 지방자치단체의 2021년 민관 협업사무 운영 현황으로서 국내에서 유일하게 전국 민관 협업사무 운영 현황을 파악할 수 있는 자료이다. 해당 시리즈는 총 3권으로 제작되었다.

배성기 지음
한국민간위탁경영구소
2022년 3월 출간

KCOMI 통계
2022 전국 지방자치단체 민·관 협업사무 운영 현황 Ⅱ
민간위탁금(307-05)
사회복지시설법정운영비보조(307-10)
민간인위탁교육비(307-12)
공기관등에대한경상적대행사업비(308-10)

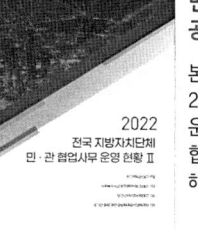

본 도서는 전국 17개 광역자치단체를 포함한 243개 지방자치단체의 2021년 민관 협업사무 운영 현황으로서 국내에서 유일하게 전국 민관 협업사무 운영 현황을 파악할 수 있는 자료이다. 해당 시리즈는 총 3권으로 제작되었다.

배성기 지음
한국민간위탁경영구소
2022년 3월 출간

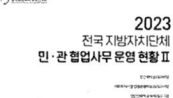

KCOMI 통계
2022 전국 지방자치단체 민·관 협업사무 운영 현황Ⅲ
민간경상사업보조(307-02)
민간단체법정운영비보조(307-03)
민간행사사업보조(307-04)

본 도서는 전국 17개 광역자치단체를 포함한 243개 지방자치단체의 2021년 민관 협업사무 운영 현황으로서 국내에서 유일하게 전국 민관 협업사무 운영 현황을 파악할 수 있는 자료이다. 해당 시리즈는 총 3권으로 제작되었다.

배성기 지음
한국민간위탁경영구소
2022년 3월 출간

KCOMI 통계 - Ebook
2022 전국 지방자치단체 민간위탁 운영현황
민간위탁금(307-05)
사회복지시설법정운영비보조(307-10)
민간인위탁교육비(307-12)
공기관등에대한경상적대행사업비(308-10)

본 도서는 전국 17개 광역자치단체를 포함한 243개 지방자치단체의 민간위탁금(307-06) 예산 운영 현황으로서, 예산 및 해당사무별 업체선정방법, 개별조례 유무, 원가산정기준, 서비스(성과)평가 유무 등을 파악할 수 있는 자료이다.

배성기 지음
한국민간위탁경영구소
2022년 5월 출간

KCOMI 통계
2022 공공기관 민간위탁 운영현황

본 도서는 전국 340개 공공기관을 대상으로 2021년 전체사무 민간이전 운영현황을 파악할 수 있는 자료이다.

배성기 지음
한국민간위탁경영구소
2022년 5월 출간

KCOMI 통계
2022 중앙행정기관 행정사무 민간이전 운영현황

본 도서는 전국 342개 중앙행정기관을 대상으로 2018년 민간이전 사업 현황을 분석한 자료로서 국내에서 유일하게 민간위탁 현황을 분석하여, 전국 민간위탁 사무의 관리 현황을 제시하고 있다.

배성기 지음
한국민간위탁경영구소
2022년 5월 출간

KCOMI 통계
2021 전국 지방자치단체 민·관 협업사무 운영 현황 I
민간경상사업보조(307-02)
민간단체법정운영비보조(307-03)
민간행사사업보조(307-04)

본 도서는 전국 17개 광역자치단체를 포함한 243개 지방자치단체의 2021년 민관 협업사무 운영 현황으로서 국내에서 유일하게 전국 민관 협업사무 운영 현황을 파악할 수 있는 자료이다. 해당 시리즈는 총 3권으로 제작되었다.

배성기 지음
한국민간위탁경영구소
2021 3월 출간

KCOMI 통계
2021 전국 지방자치단체 민·관 협업사무 운영 현황 II
민간위탁금(307-05)
사회복지시설법정운영비보조(307-10)
민간인위탁교육비(307-12)
공기관등에대한경상적대행사업비(308-10)

본 도서는 전국 17개 광역자치단체를 포함한 243개 지방자치단체의 2021년 민관 협업사무 운영 현황으로서 국내에서 유일하게 전국 민관 협업사무 운영 현황을 파악할 수 있는 자료이다. 해당 시리즈는 총 3권으로 제작되었다.

배성기 지음
한국민간위탁경영구소
2021년 3월 출간

KCOMI 통계
2021 전국 지방자치단체 민·관 협업사무 운영 현황 I
민간경상사업보조(307-02)
민간단체법정운영비보조(307-03)
민간행사사업보조(307-04)

본 도서는 전국 17개 광역자치단체를 포함한 243개 지방자치단체의 2021년 민관 협업사무 운영 현황으로서 국내에서 유일하게 전국 민관 협업사무 운영 현황을 파악할 수 있는 자료이다. 해당 시리즈는 총 3권으로 제작되었다.

배성기 지음
한국민간위탁경영구소
2021 3월 출간

KCOMI 통계 - Ebook
2021 전국 지방자치단체 민간위탁 운영현황
민간위탁금(307-05)
사회복지시설법정운영비보조(307-10)
민간인위탁교육비(307-12)
공기관등에대한경상적대행사업비(308-10)

본 도서는 전국 17개 광역자치단체를 포함한 243개 지방자치단체의 민간위탁금(307-06) 예산 운영 현황으로서, 예산 및 해당사무별 업체선정방법, 개별조례 유무, 원가산정기준, 서비스(성과)평가 유무 등을 파악할 수 있는 자료이다.

배성기 지음
한국민간위탁경영구소
2021년 7월 출간

KCOMI 통계
2021 공공기관 민간위탁 운영현황

본 도서는 전국 340개 공공기관을 대상으로 2021년 전체사무 민간이전 운영현황을 파악할 수 있는 자료이다.

배성기 지음
한국민간위탁경영구소
2021년 5월 출간

KCOMI 통계
2021 중앙행정기관 행정사무 민간이전 운영현황

본 도서는 전국 342개 중앙행정기관을 대상으로 2018년 민간이전 사업 현황을 분석한 자료로서 국내에서 유일하게 민간위탁 현황을 분석하여, 전국 민간위탁 사무의 관리 현황을 제시하고 있다.

배성기 지음
한국민간위탁경영구소
2021년 5월 출간

KCOMI 통계 - Ebook
2020 전국 지방자치단체 민·관 협업사무 운영 현황 I
민간경상사업보조(307-02)
민간단체법정운영비보조(307-03)
민간행사사업보조(307-04)

본 도서는 전국 17개 광역자치단체를 포함한 243개 지방자치단체의 2020년 민관 협업사무 운영 현황으로서 국내에서 유일하게 전국 민관 협업사무 운영 현황을 파악할 수 있는 자료이다. 해당 시리즈는 총 3권으로 제작되었다.

배성기 지음
한국민간위탁경영연구소
2020년 7월 출간

KCOMI 통계 - Ebook
2020 전국 지방자치단체 민·관 협업사무 운영 현황 II
민간위탁금(307-05)
사회복지시설법정운영비보조(307-10)
민간인위탁교육비(307-12)
공기관등에대한경상적대행사업비(308-10)

본 도서는 전국 17개 광역자치단체를 포함한 243개 지방자치단체의 2020년 민관 협업사무 운영 현황으로서 국내에서 유일하게 전국 민관 협업사무 운영 현황을 파악할 수 있는 자료이다. 해당 시리즈는 총 3권으로 제작되었다.

배성기 지음
한국민간위탁경영연구소
2020년 7월 출간

KCOMI 통계 - Ebook
2020 전국 지방자치단체 민·관 협업사무 운영 현황 III
민간자본사업보조,자체재원(402-01)
민간자본사업보조,이전재원(402-02)
민간위탁사업비(402-03)
공기관등에대한자본적위탁사업비(403-02)

본 도서는 전국 17개 광역자치단체를 포함한 243개 지방자치단체의 2020년 민관 협업사무 운영 현황으로서 국내에서 유일하게 전국 민관 협업사무 운영 현황을 파악할 수 있는 자료이다. 해당 시리즈는 총 3권으로 제작되었다.

배성기 지음
한국민간위탁경영연구소
2020년 7월 출간

KCOMI 통계
2020 전국 지방자치단체 민·관 협업사무 운영 현황 통합본

본 도서는 전국 17개 광역자치단체를 포함한 243개 지방자치단체의 각 분야별 2018년 민관 협업사무 운영 현황으로 하수도시설, 하수슬러지건조화시설, 생활폐기물 수집운반, 생활폐기물 소각시설, 재활용 선별시설, 문화예술, 체육, 관광, 공원, 주차장, 청소년수련시설, 장애인복지시설의 운영 현황을 파악할 수 있는 자료이다.

배성기 지음
한국민간위탁경영연구소
2020년 7월 출간

KCOMI 통계 - Ebook
2020 전국 지방자치단체 민·관 협업사무 운영 현황
|하수도시설|

본 도서는 전국 17개 광역자치단체를 포함한 243개 지방자치단체의 하수도시설에 대한 2020년 민관 협업사무 운영 현황을 파악할 수 있는 자료이다.

배성기 지음
한국민간위탁경영연구소
2020년 5월 출간

KCOMI 통계 - Ebook
2020 전국 지방자치단체 민·관 협업사무 운영 현황
|하수슬러지건조화시설(소각포함)|

본 도서는 전국 17개 광역자치단체를 포함한 243개 지방자치단체의 하수슬러지건조화시설(소각포함)에 대한 2018년 민관 협업사무 운영 현황을 파악할 수 있는 자료이다.

배성기 지음
한국민간위탁경영연구소
2020년 5월 출간

KCOMI 통계 - Ebook
2020 전국 지방자치단체 민·관 협업사무 운영 현황
|생활폐기물 수집운반

본 도서는 전국 17개 광역자치단체를 포함한 243개 지방자치단체의 생활폐기물 수집운반에 대한 2020년 민관 협업사무 운영 현황을 파악할 수 있는 자료이다.

배성기 지음
한국민간위탁경영구소
2020년 5월 출간

KCOMI 통계 - Ebook
2020 전국 지방자치단체 민·관 협업사무 운영 현황
|생활폐기물 소각시설

본 도서는 전국 17개 광역자치단체를 포함한 243개 지방자치단체의 생활폐기물 소각시설에 대한 2020년 민관 협업사무 운영 현황을 파악할 수 있는 자료이다.

배성기 지음
한국민간위탁경영구소
2020년 5월 출간

KCOMI 통계 - Ebook
2020 전국 지방자치단체 민·관 협업사무 운영 현황
|재활용 선별시설

본 도서는 전국 17개 광역자치단체를 포함한 243개 지방자치단체의 재활용 선별시설에 대한 2020년 민관 협업사무 운영 현황을 파악할 수 있는 자료이다.

배성기 지음
한국민간위탁경영구소
2020년 5월 출간

KCOMI 통계 - Ebook
2020 전국 지방자치단체 민·관 협업사무 운영 현황
|문화예술부문

본 도서는 전국 17개 광역자치단체를 포함한 243개 지방자치단체의 문화예술부문에 대한 2020년 민관 협업사무 운영 현황을 파악할 수 있는 자료이다.

배성기 지음
한국민간위탁경영구소
2020년 5월 출간

KCOMI 통계 - Ebook
2020 전국 지방자치단체 민·관 협업사무 운영 현황
|관광부문

본 도서는 전국 17개 광역자치단체를 포함한 243개 지방자치단체의 관광부문에 대한 2020년 민관 협업사무 운영 현황을 파악할 수 있는 자료이다.

배성기 지음
한국민간위탁경영구소
2020년 5월 출간

KCOMI 통계 - Ebook
2020 전국 지방자치단체 민·관 협업사무 운영 현황
|체육부문

본 도서는 전국 17개 광역자치단체를 포함한 243개 지방자치단체의 체육부문에 대한 2020년 민관 협업사무 운영 현황을 파악할 수 있는 자료이다.

배성기 지음
한국민간위탁경영구소
2020년 5월 출간

KCOMI 통계 - Ebook
2020 전국 지방자치단체 민·관 협업사무 운영 현황
|공원부문

본 도서는 전국 17개 광역자치단체를 포함한 243개 지방자치단체의 공원부문에 대한 2020년 민관 협업사무 운영 현황을 파악할 수 있는 자료이다.

배성기 지음
한국민간위탁경영구소
2020년 5월 출간

KCOMI 통계 - Ebook
2020 전국 지방자치단체 민·관 협업사무 운영 현황
|주차장시설

본 도서는 전국 17개 광역자치단체를 포함한 243개 지방자치단체의 체육부문에 대한 2020년 민관 협업사무 운영 현황을 파악할 수 있는 자료이다.

배성기 지음
한국민간위탁경영구소
2020년 5월 출간

KCOMI 통계 - Ebook
2020 전국 지방자치단체 민·관 협업사무 운영 현황
|청소년수련시설

본 도서는 전국 17개 광역자치단체를 포함한 243개 지방자치단체의 청소년수련시설에 대한 2020년 민관 협업사무 운영 현황을 파악할 수 있는 자료이다.

배성기 지음
한국민간위탁경영구소
2020년 5월 출간

KCOMI 통계 - Ebook
2020 전국 지방자치단체 민·관 협업사무 운영 현황
|장애인복지시설

본 도서는 전국 17개 광역자치단체를 포함한 243개 지방자치단체의 장애인복지시설에 대한 2020년 민관 협업사무 운영 현황을 파악할 수 있는 자료이다.

배성기 지음
한국민간위탁경영구소
2020년 5월 출간

KCOMI 통계
2019 전국 지방자치단체
민·관 협업사무 운영 현황 통합본

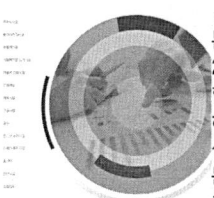

본 도서는 전국 17개 광역자치단체를 포함한 245개 지방자치단체의 각 분야별 2019년 민관 협업사무 운영 현황으로 하수도시설, 하수슬러지건조화시설, 생활폐기물 수집운반, 생활폐기물 소각시설, 재활용 선별시설, 문화예술, 체육, 관광, 공원, 주차장, 청소년수련시설, 장애인복지시설의 운영 현황을 파악할 수 있는 자료이다.

배성기 지음
한국민간위탁경영연구소
2019년 출간

KCOMI 통계
2019 전국 지방자치단체
민·관 협업사무 운영 현황 I

- 민간경상사업보조(307-02)
- 민간단체법정운영비보조(307-03)
- 민간행사사업보조(307-04)

본 도서는 전국 17개 광역자치단체를 포함한 245개 지방자치단체의 2019년 민관 협업사무 운영 현황으로서 국내에서 유일하게 전국 민관 협업사무 운영 현황을 파악할 수 있는 자료이다. 해당 시리즈는 총 3권으로 제작되었다.

배성기 지음
한국민간위탁경영연구소
2019년 출간

KCOMI 통계
2019 전국 지방자치단체
민·관 협업사무 운영 현황 II

- 민간위탁금(307-05)
- 사회복지시설법정운영비보조(307-10)
- 사회복지사업보조(307-11)

본 도서는 전국 17개 광역자치단체를 포함한 245개 지방자치단체의 2019년 민관 협업사무 운영 현황으로서 국내에서 유일하게 전국 민관 협업사무 운영 현황을 파악할 수 있는 자료이다. 해당 시리즈는 총 3권으로 제작되었다.

배성기 지음
한국민간위탁경영연구소
2019년 출간

KCOMI 통계
2019 전국 지방자치단체
민·관 협업사무 운영 현황 III

- 민간인위탁교육비(307-12),
- 공기관등에대한경상적대행사업비(308-10)
- 공사공단경상전출금(309-01)
- 민간자본사업보조,자체재원(402-01)
- 민간자본사업보조,이전재원(402-02)
- 민간위탁사업비(402-03)
- 공기관등에대한자본적위탁사업비(403-02)
- 공사공단자본전출금(404-01)

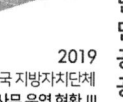

본 도서는 전국 17개 광역자치단체를 포함한 245개 지방자치단체의 2019년 민관 협업사무 운영 현황으로서 국내에서 유일하게 전국 민관 협업사무 운영 현황을 파악할 수 있는 자료이다. 해당 시리즈는 총 3권으로 제작되었다.

배성기 지음
한국민간위탁경영연구소
2019년 출간

KCOMI 통계 - Ebook
2019 전국 지방자치단체
민·관 협업사무 운영 현황
| 하수도시설

본 도서는 전국 17개 광역자치단체를 포함한 245개 지방자치단체의 하수도시설에 대한 2019년 민관 협업사무 운영 현황을 파악할 수 있는 자료이다.

배성기 지음
한국민간위탁경영연구소
2019년 출간

KCOMI 통계 - Ebook
2019 전국 지방자치단체
민·관 협업사무 운영 현황
| 슬러지처리시설

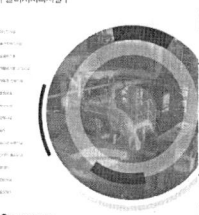

본 도서는 전국 17개 광역자치단체를 포함한 245개 지방자치단체의 하수슬러지건조화시설(소각포함)에 대한 2019년 민관 협업사무 운영 현황을 파악할 수 있는 자료이다.

배성기 지음
한국민간위탁경영연구소
2019년 출간

KCOMI 통계 - Ebook
2019 전국 지방자치단체
민·관 협업사무 운영 현황
| 생활폐기물 수집운반

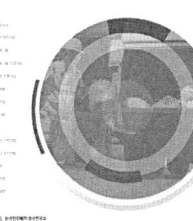

본 도서는 전국 17개 광역자치단체를 포함한 245개 지방자치단체의 생활폐기물 수집운반에 대한 2019년 민관 협업사무 운영 현황을 파악할 수 있는 자료이다.

배성기 지음
한국민간위탁경영연구소
2019년 출간

KCOMI 통계 - Ebook
2019 전국 지방자치단체
민·관 협업사무 운영 현황
| 생활폐기물 소각시설

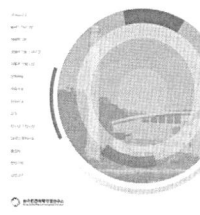

본 도서는 전국 17개 광역자치단체를 포함한 245개 지방자치단체의 생활폐기물 소각시설에 대한 2019년 민관 협업사무 운영 현황을 파악할 수 있는 자료이다.

배성기 지음
한국민간위탁경영연구소
2019년 출간

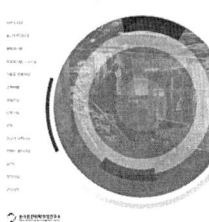

KCOMI 통계 - Ebook
2019 전국 지방자치단체
민·관 협업사무 운영 현황
|재활용 선별시설|

본 도서는 전국 17개 광역자치단체를 포함한 245개 지방자치단체의 재활용 선별시설에 대한 2019년 민관 협업사무 운영 현황을 파악할 수 있는 자료이다.

배성기 지음
한국민간위탁경영연구소
2019년 출간

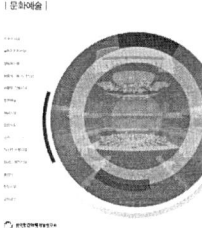

KCOMI 통계 - Ebook
2019 전국 지방자치단체
민·관 협업사무 운영 현황
|문화예술부문|

본 도서는 전국 17개 광역자치단체를 포함한 245개 지방자치단체의 문화예술부문에 대한 2019년 민관 협업사무 운영 현황을 파악할 수 있는 자료이다.

배성기 지음
한국민간위탁경영연구소
2019년 출간

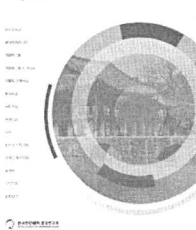

KCOMI 통계 - Ebook
2019 전국 지방자치단체
민·관 협업사무 운영 현황
|관광부문|

본 도서는 전국 17개 광역자치단체를 포함한 245개 지방자치단체의 관광부문에 대한 2019년 민관 협업사무 운영 현황을 파악할 수 있는 자료이다.

배성기 지음
한국민간위탁경영연구소
2019년 출간

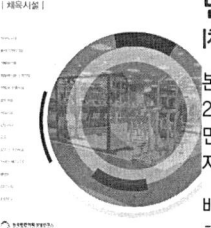

KCOMI 통계 - Ebook
2019 전국 지방자치단체
민·관 협업사무 운영 현황
|체육부문|

본 도서는 전국 17개 광역자치단체를 포함한 245개 지방자치단체의 체육부문에 대한 2019년 민관 협업사무 운영 현황을 파악할 수 있는 자료이다.

배성기 지음
한국민간위탁경영연구소
2019년 출간

KCOMI 통계 - Ebook
2019 전국 지방자치단체
민·관 협업사무 운영 현황
|공원부문|

본 도서는 전국 17개 광역자치단체를 포함한 245개 지방자치단체의 공원부문에 대한 2019년 민관 협업사무 운영 현황을 파악할 수 있는 자료이다.

배성기 지음
한국민간위탁경영연구소
2019년 출간

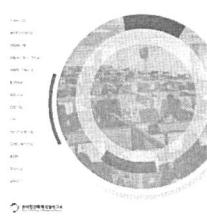

KCOMI 통계 - Ebook
2019 전국 지방자치단체
민·관 협업사무 운영 현황
|콜센터|

본 도서는 전국 17개 광역자치단체를 포함한 245개 지방자치단체의 콜센터 업무에 대한 2019년 민관 협업사무 운영 현황을 파악할 수 있는 자료이다.

배성기 지음
한국민간위탁경영연구소
2019년 출간

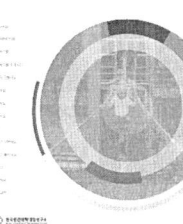

KCOMI 통계 - Ebook
2019 전국 지방자치단체
민·관 협업사무 운영 현황
|청소년수련시설|

본 도서는 전국 17개 광역자치단체를 포함한 245개 지방자치단체의 청소년수련시설에 대한 2019년 민관 협업사무 운영 현황을 파악할 수 있는 자료이다.

배성기 지음
한국민간위탁경영연구소
2019년 출간

KCOMI 통계 - Ebook
2019 전국 지방자치단체
민·관 협업사무 운영 현황
|장애인복지시설|

본 도서는 전국 17개 광역자치단체를 포함한 245개 지방자치단체의 장애인복지시설에 대한 2019년 민관 협업사무 운영 현황을 파악할 수 있는 자료이다.

배성기 지음
한국민간위탁경영연구소
2019년 출간

KCOMI 통계
2019 정보화사업 운영 현황

본 도서는 전국 지방자치단체, 중앙행정기관, 공공기관의 2019년 정보화사업을 대상으로 사업 현황을 분석한 운영 현황 자료이다.

배성기 지음
한국민간위탁경영연구소
2019년 8월 출간

SVI 통계 - Ebook
2019 공공기관 사회적 가치
구현사업 운영현황 | 통계자료 |

본 도서는 공공기관 사회적 가치 구현사업의 운영 현황에 대한 통계를 파악할 수 있는 자료이다.

배성기 지음
사회적 가치 연구소
2019년 7월 출간

● 민간위탁 운영 관리 매뉴얼

지방자치단체사무의 민간위탁서비스
운영관리매뉴얼 I
민간위탁조례 및 계약관리방안

민간위탁 성패의 키는 계약관리이다.
본 도서는 민간위탁 서비스를 공급함에 있어 사회적 문제와 이슈를 관리 할 수 있는 체계적인 조례 제정 및 계약관리방법론을 제시하고 있다.

배성기 지음
한국민간위탁경영연구소 / 450페이지 / 40,000원
2012년 8월 출간

지방자치단체사무의 민간위탁서비스
운영관리매뉴얼 II
민간위탁 운영관리비용 산정

효율적인 서비스 제공을 위한 원가산정방법론 제시 민간위탁서비스의 대시민 만족도를 높이기 위한 시작은 적정한 비용산정과 지급에서 시작된다. 이를 위해 본 도서에서는 세부적인 원가산정 방법과 산정예시를 들어 설명하고 있다.

배성기 지음
한국민간위탁경영연구소 / 409페이지 / 40,000원
2012년 8월 출간

지방자치단체사무의 민간위탁서비스
운영관리매뉴얼 III
민간위탁 서비스 평가

평가 없는 성장 없다.
본 도서에서는 민간위탁 서비스의 지속적인 성장경영을 위한 경영학적 관리지표개발 및 서비스평가방안을 제시하고 있다.

배성기 지음
한국민간위탁경영연구소 / 407페이지 / 40,000원
2012년 8월 출간

지방자치단체 민간투자사업 매뉴얼

지방자치단체 공무원들이 민간투자사업 정책 수립을 위한 전반적인 내용을 포괄적으로 다루어, 실무에 직접 적용할 수 있도록 방향을 제시하고 있다.

배성기 지음
한국민간위탁경영연구소 / 247페이지 / 25,000원
2015년 9월 출간

● 민간위탁 서비스 경영

공공하수도시설 민간위탁 서비스경영

환경부통계를 기준으로 전국 공공하수처리시설 중 민간위탁으로 운영되는 시설은 318개소, 운영비는 5,000억 원, 운영인원은 3,642명이다. 민간위탁서비스의 질을 높이기 위해서는 시설관리만이 아닌 경영학적 기법이 도입된 체계적인 관리가 필요하다. 이를 위해서 본 도서에서는 공공하수도시설 민간위탁 서비스 경영을 위한 다양한 방안을 제시하고 있다.

배성기 · 안영진 · 박철휘 · 박종운 지음
한국민간위탁경영연구소 / 530페이지 / 40,000원
2012년 4월 출간

공공체육시설 민간위탁 서비스경영

전국 공공체육시설수는 15,137개소로 지속적으로 증가하고 있으며, 국민이 영위하고자 하는 공공체육서비스의 수준도 날로 증가 하고 있다. 이에 민간위탁으로 운영중인 공공체육시설의 서비스 수준의 향상을 위하여 본 도서에서는 공공체육시설 민간위탁 서비스 경영을 위한 다양한 방안을 제시하고 있다.

배성기 · 김영철 지음
한국민간위탁경영연구소 / 500페이지 / 40,000원
출간예정

관광시설 민간위탁 서비스경영

관광시설은 관광을 위한 편익을 제공하는 시설로서 숙박, 교통, 휴식시설 등을 통해 지역경제 활성화에 도움을 주고 있다. 이중 민간위탁으로 운영중인 관광시설을 대상으로 본 도서에서는 관광시설 민간위탁 서비스 경영을 위한 다양한 방안을 제시하고 있다.

배성기 · 김상원 · 김혜진 지음
한국민간위탁경영연구소 / 500페이지 / 40,000원
2015년 9월 출간

생활폐기물 수집·민간위탁 서비스경영

우리나라 일일 발생 생활폐기물량은 5만톤 수준으로 지자체에서는 소각, 매립, 재활용 등의 처리를 민간위탁을 통해 수행하고 있다. 본 도서는 민간위탁을 통해 생활폐기물을 처리하고 있는 지자체를 대상으로 효율적·효과적 관리기법을 제시하고 있다.

배성기 지음
한국민간위탁경영연구소 / 500페이지 / 40,000원
2012년 4월 출간

● 정부원가계산

**공기업·준 정부기관·기타 공공기관
정부원가계산의 이론과 실제**

공공감사법 적용대상기관인 중앙 41개 기관, 공공 272개 기관의 정부예산 지출시 합리적인 예산지출 및 효과성을 높이기 위해 본 도서는 정부원가계산의 올바른 방법을 이론과 사례를 기준으로 제시하고자 하였다.

배성기 지음
한국민간위탁경영연구소/400페이지/35,000원
2012년 8월 출간

● 사회적 기업 및 비영리 법인

**사회적기업 및 비영리법인의
공공부문 계약 입찰**

국가 공공서비스가 좀 더 선진 화 되기 위해서는 많은 사회적기업 및 비영리법인이 공공서비스 분야의 입찰 참가를 해야 한다. 정부와 동격의 파트너십을 통해 국민 모두를 파트너십의 수혜자로 만들기 위해 친절하고 자세하게 계약 참여 안내를 하고 있다.

배성기 옮김
한국민간위탁경영연구소 · scotland.gov.uk
/250페이지/30,000원
2012년 8월 출간

● 기타 민간위탁 분야 도서

**KCOMI통계 2013
전국 민간위탁 운영현황 분석**

본 도서는 민간위탁 본연의 목적과 기능을 유지하기 위해 발주처에서는 선택의 폭을 넓히고, 위탁기업들은 건전한 경쟁관계를 유도하기 위하여 전국 246개 지자체별 민간위탁 사무현황, 위탁예산현황, 위탁기업의 현황, 위탁기간 현황, 위탁자 선정방법 등을 조사·분석하였다.

배성기 지음
한국민간위탁경영연구소 / 513페이지 / 20,000원
2013년 8월 출간

민간위탁 절차·평가 개선 교육교재

민간위탁제도가 도입된 지 13년이 지났지만 민간위탁에 대한 제도적 정비 및 운영상의 문제에 대한 지적은 끊이지 않는다. 본 도서는 민간위탁 사무를 추진함에 있어 꼭 필요한 조례, 계약, 비용, 평가 등의 내용을 중심으로 지방자치단체 공무원들의 정책결정을 돕고자 작성되었다.

배성기 지음
한국민간위탁경영연구소
민간위탁교육 참가자 배부용

**공공하수처리시설 민간위탁
서비스평가**

평가없는 성장 없다.
본 도서는 현행 공공하수처리시설 민간위탁 평가에 대한 법적 근거 및 제도에 대한 고찰을 통하여 보다 합리적인 민간위탁 서비스 평가 방안을 제시하고 있다.

배성기·안영진·박철휘·박종운 지음
한국민간위탁경영연구소 / 316페이지 / 25,000원
2011년 12월 출간

큰 사회(BIG Society)

영국 캐머론 총리의 큰 사회는 공공서비스 향상을 추구하며, 개념적으로는 국가를 반대하지 않으며 다양한 증거를 바탕으로 영국 사회를 지원하고 사회적 욕구를 충족시키는 현재 국가의 능력에 대해 깊이 있게 고민한다. 이는 우리나라에도 시사하는 바가 크므로 소개하고자 하였다.

배성기·이화진·김태현·남효응 옮김
나남출판사·UBP / 165페이지 / 15,000원
출간 예정

공공관리 번역 도서

분쟁 후 취약한 상황에서의 정부기능 및 정부서비스 민간위탁

본 역서는 원조의 비효율적 비효과적 집행을 방지하고, 수원국의 역량개발에 도움을 줄 수 있는 방안을 도모하여 현장실무자들과 정부의 정책입안자들과 협력하기 위한 안내서의 역할을 해 줄 것이다. 또한 선진국의 민간위탁제도 운영방법론은 국내에서 좋은 시사점을 제공하고 있다.

배성기 옮김
한국민간위탁경영연구소 · OECD / 165페이지 / 25,000원

2011년 11월 출간

지방정부 서비스계약 (Local Government Contract)

공공을 위한 최선의 거래를 추구하는데 있어서 책임성과 유연성, 공익성과 경제성 등을 최적으로 조합하는 것은 현대 서비스 계약업무의 핵심이다. 본 역서는 그 조합방식을 유용하게 제안하고 있다.

배성기 옮김
한국민간위탁경영연구소 · ICMA / 200페이지 / 30,000원

출간 예정

정부계약자들을 위한 가격책정 및 원가계산 (Pricing and Cost Accounting)

정부와 계약기간 중 요구사항을 준수하고, 이윤을 유지하기 위한 협상방법을 수록하고 있다. 압찰에 대한 변경요구 사항은 가격책정, 원가계산, 하도급 계약변경을 수반하며 이에 대한 정보를 제공하고 있다.

배성기 옮김
한국민간위탁경영연구소 · MC / 220페이지 / 25,000원

출간예정

서비스 수준관리 (Service Level Management)

서비스 수준관리(SLM)는 서비스 업무범위를 정의하여 서비스제공에 따른 업무목표, 해당부서 및 책임부서를 기술하고 고객과 서비스 공급업체의 업무분담을 명확히 하여 서비스 공급업체와 고객 양측 모두의 기대와 목적을 충족시키기 위한 내용을 기술하고 있다.

배성기 옮김
한국민간위탁경영연구소 · TAS / 240페이지 / 25,000원

출간 예정

공공관리와 성과 (Public Management and Performance)

공공서비스 성과가 뜻하는 바가 무엇이고, 이와 관련한 연구의 주요 성과는 무엇인가? 왜 관리가 중요한가? 연구자, 정책결정자, 실무자들에게 주는 함의는 무엇이며, 향후 과제는 무엇인가? 에 대해 저자들은 이야기 하고 있다.

배성기 · 김윤경 · 김영철 옮김
한국민간위탁경영연구소 · 캠브리지대학출판사 / 200페이지 / 35,000원

2012년 8월 출간

사회기반시설 자산관리 (Infrastructure Asset Management)

자산관리의 목표, 서비스 제공능력과 자산상태의 구체적 목표를 검토하고, 자산관리 활동을 최적화·체계화하기 위해 현재의 서비스 제공능력과 자산상태(condition)를 비교한다. 또 최적의 의사결정을 위해 필요한 재정적 고려사항에 대해서도 요약하고 있다.

유인균 · 박미연 · 배성기 옮김
한국민간위탁경영연구소 · CIRIA / 200페이지 / 35,000원

2012년 8월 출간

지방지치단체 사회적가치구현을 위한 공공조달프레임워크

영국의 중앙 및 지방정부기관들은 최저가 대신 사회적 가치를 고려해 최고가치(Best Value)를 지닌 쪽을 선택하도록 규정과 지침을 만들어 공공조달에 적용하고 있다.

이에, 영국의 사회적 가치 구현을 위한 조달규정 및 지침관련 사례를 발굴하여 국내에 홍보·전파하고자 출간하게 되었다.

배성기
브릿지협동조합 / 170페이지 / 25,000원

2016년 4월 출간

지방자치단체 공공서비스 혁신
협동조합도시 런던시 램버스구

영국 런던시 램버스구, 협동조합방식의 지방자치단체 경영과 공공서비스 혁신을 가능하게 하는 영국의 법·제도적 환경, 지자체조례, 지자체 경영원칙, 사회적·경제적·환경적 가치구현을 위한 목표달성전략 및 프로세스등을 자세히 소개하고 있다.

배성기 지음
브릿지협동조합 / 184페이지 / 25,000원

2016년 5월 출간

영국 중앙정부 및 지방정부 사회적 가치 구현 사례집

본 지침은 Highways England와 하도급업체가 2012년 공공서비스(사회적가치)법에 의한 서비스 공급과 관련된 사회적가치를 확인하고 구현하기 위한 접근방법을 설명한다.

배성기 옮김
사회적 가치 연구소 / 290페이지 / 21,000원
2018년 6월 출간

사회적기업 및 비영리법인의 공공부문 계약 입찰

지방계약분야는 사회·경제적 상황에 따라 빠르게 변화하는 분야이며, 많은 관련 법령과 하위규정들이 있어 실무자들이 업무를 숙지하는 데 상대적으로 어려움을 겪는 분야이기도 합니다. 2018년도 매뉴얼은 계약시 고려해야 할 사회적 가치와 더불어 실무에서 주로 활용되는 유권해석, 판례 등을 중점적으로 수록하였습니다.

서울특별시 엮음
브릿지협동조합 / 350페이지 / 24,000원
2018년 6월 출간

한국민간위탁연구소는 공공서비스 관리 혁신을 통해
더 나은 정부, 더 나은 사회, 더 많은 사업기회를 만들어 갑니다.

T. 02-943-1941 F. 02-943-1948 E. kcomi@kcomi.re.kr H. www.kcomi.re.kr

도서출판
큰날개

큰날개는 급변하는 국내의 사회 환경 가운데에서 다양한 의견을 수렴하여 인간이 추구하는
더 높은 이상향을 향해 나아가고자 하는 바람을 추구하는 출판전문기업입니다.
특히 사회적으로 가치 있는 콘텐츠를 가진 사람이라면 누구나 책을 출간 할 수 있고,
원하는 독자층에 도달 할 수 있도록 도와주는 퍼블리싱 파트너(Publishing Partner)가 되고자 합니다.

T. 02-943-1947   F. 02-943-1948   H. bigwing.modoo.at